I0816841

neukirchener
theologie

Stephan Goldschmidt (Hg.)

Ausgezeichnete Gottesdienste

Modelle und Entwürfe für die Praxis

Vandenhoeck & Ruprecht

Bibliografische Information der Deutschen Nationalbibliothek

Die Deutsche Nationalbibliothek verzeichnet diese Publikation in der Deutschen Nationalbibliografie; detaillierte bibliografische Daten sind im Internet über http://dnb.d-nb.de abrufbar.

ISBN 978-3-7887-3209-7

Weitere Angaben und Online-Angebote sind erhältlich unter: www.v-r.de

Umschlaggestaltung: Andreas Sonnhüter, Niederkrüchten
Satz: Dorothee Schönau, Wülfrath
Druck und Bindung: Hubert & Co. GmbH & Co. KG, Robert-Bosch-Breite 6, D-37079 Göttingen

Gedruckt auf alterungsbeständigem Papier

Inhalt

4. Gottesdienst für und mit Menschen mit Demenz

5. Ein Gottesdienstkonzept für den städtischen und ländlichen Raum

6. Literaturgottesdienst

7. Trau- und Taufgottesdienst

8. Gottesdienst als Beitrag zur Erinnerungskultur

Vorwort

Die in diesem Buch enthaltenen Gottesdienste sind in einem doppelten Sinne ausgezeichnet. Sie sind erstens aufgrund ihrer Qualität und Originalität gute Beispiele für theologisch, sprachlich und liturgisch gelungene Gottesdienste. Zweitens wurde jeder von ihnen mit dem Gottesdienstpreis ausgezeichnet, den die Stiftung zur Förderung des Gottesdienstes (Karl-Bernhard-Ritter-Stiftung) seit 2009 jährlich verleiht.

Ziel des Gottesdienstpreises ist es, durch Wertschätzung gelungener liturgischer Feiern auf die Bedeutung von qualitativer Gottesdienstarbeit aufmerksam zu machen. Die in diesem Buch zusammengefassten ausgezeichneten Gottesdienste werden hier einer breiteren Öffentlichkeit bekannt gemacht und können für die Praxis als orientierende Beispiele dienen.

Zum Konzept des Gottesdienstpreises gehört aber neben der Auswahl der eingereichten Gottesdienste durch eine mit hochkarätigen Fachleuten besetzte Jury auch die Wahl des Themas, das Jahr für Jahr unterschiedlich ist. Durch die bereits in der Ausschreibung veröffentlichten Kriterien wird ein hohes Maß an Transparenz beim Auswahlprozess sichergestellt und zugleich stichwortartig auf Punkte hingewiesen, die einen guten Gottesdienst ausmachen.

Die jeweiligen Themen machen auf aktuelle Herausforderungen der Gottesdienstarbeit aufmerksam. Besonders deutlich wurde dies bei den Ausschreibungen der Jahre 2012 und 2013, in denen Preise für Gottesdienste mit Menschen mit Demenz (2012) und für ein regionales Gottesdienstkonzept (2013) ausgeschrieben wurden.

Gottesdienste, die mit Menschen mit Demenz gefeiert werden, bilden eine Schnittstelle zwischen den kirchlichen Kernfeldern Gottesdienst und Diakonie. Bereits in der Ausschreibung wurde deutlich, dass neben den Menschen mit Demenz auch ihre Angehörigen und ihr Umfeld in den Blick zu nehmen sind. 2013 wurde der Preis für ein Gottesdienstkonzept in einer Region ausgelobt und damit auf die Notwendigkeit hingewiesen, den veränderten Wochenendgewohnheiten durch ein zwischen mehreren Gemeinden abgestimmtes vielfältiges gottesdienstliches Programm gerecht zu werden.

Insgesamt fällt bei der Auswahl der Themen für den Gottesdienstpreis auf, dass bisher weniger der »Normalfall Sonntagsgottesdienst« im Fokus stand als vielmehr Gottesdienste am anderen Ort und für spezielle Zielgruppen. Ein Gottesdienst öffnet mit dem Zusammenspiel von Trauung und Taufe das Feld der Kasualien. Allen hier vorgelegten Gottesdiensten ist gemeinsam das Bemühen, auch die weniger geübten Gottesdienstteilnehmenden in den Blick zu nehmen und auf eine Weise anzusprechen, dass sie innerlich berührt werden. Dabei ist das Kunststück gelungen, aktuelle Themen und biblische Texte dialogisch miteinander in Beziehung zu setzen. Theologische Fragen bekommen so eine hohe Relevanz für den Alltag der Teilnehmenden. Gerade deshalb haben es die hier vorgestellten Gottesdienste verdient, nicht nur ausgezeichnet, sondern auch bekannt zu werden.

Die Veröffentlichung der ausgezeichneten Gottesdienste im Jahr 2017 ist ein Rückblick auf zehn Jahre Arbeit der 2007 gegründeten Stiftung zur Förderung des Gottesdienstes. Deshalb sei an dieser Stelle allen gedankt, die sich für die Stiftung ehrenamtlich engagiert haben. Dies sind in erster Linie die Personen, die im Vorstand, im Kuratorium und in der Jury, aber auch im Hintergrund mitgearbeitet haben. Auch allen, die es gewagt haben, sich um einen der Gottesdienstpreise zu bewerben, sei an dieser Stelle gedankt. Dazu gehört häufig eine intensive Nacharbeit, um einen häufig bereits gefeierten Gottesdienst so aufzuarbeiten, dass er für die Juroren aussagekräftig und verständlich ist. Und schließlich ist es alles andere als selbstverständlich, einen Gottesdienst, der die Teilnehmenden angesprochen und erfüllt hat, in dem Gottes Wort erklungen ist, für einen ganz menschlichen Wettbewerb einzureichen. Uns ist es bewusst, dass wir mit dem Gottesdienstpreis eine Gratwanderung unternehmen, weil das Eigentliche eines Gottesdienstes – dass Gott mit uns Menschen spricht und wir Menschen auf Gott im Gebet und im Lobgesang antworten – auch die beste Jury der Welt nicht messen kann. Was aber beurteilt werden kann, ist die liebevolle und handwerklich gute Vorbereitung eines Gottesdienstes, die durchaus differenzieren kann. Diese menschliche Seite der Vorbereitung und Feier eines Gottesdienstes, seine sprachliche, theologische, dramaturgische Qualität kann beurteilt und ausgezeichnet werden, auch wenn das Eigentliche am Ende unverfügbar bleibt, dass Gott nämlich selbst im Gottesdienst gegenwärtig ist.

Im Namen der Stiftung

Stephan Goldschmidt
(Vorsitzender des Vorstandes)

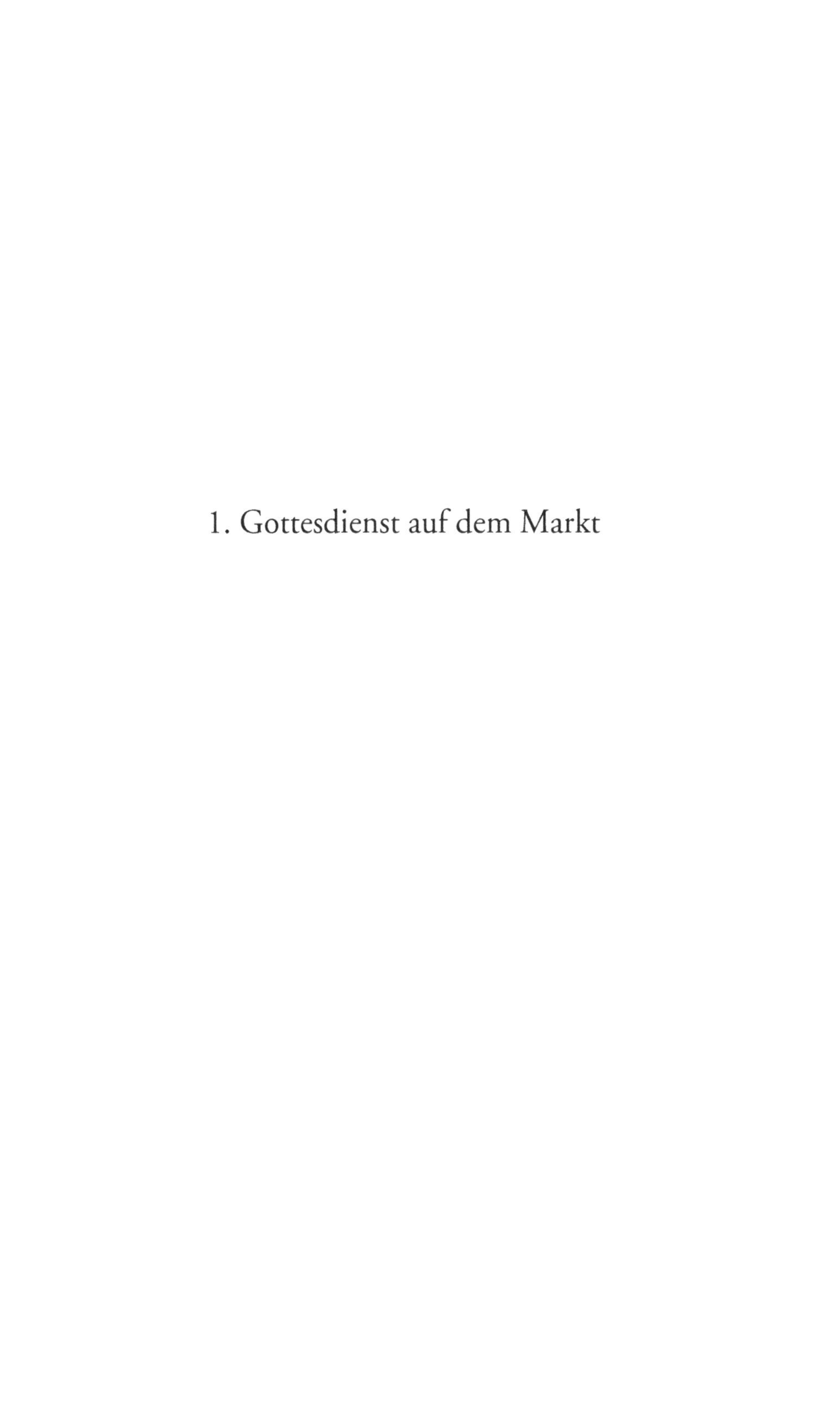

1. Gottesdienst auf dem Markt

Angelika Biskupski

Der Ökumenische Familien-Gottesdienst »kinderleicht« – gefeiert auf dem Nikolaikirchhof während des Stadtfestes in Leipzig am 8. Juni 2008

Begrüßung

Lied »Hallo, Hallo« (*Text: Marion Schäl; Melodie: Gilbrecht Schäl*)

Refrain:

Hallo, hallo, hallo! Wenn wir uns treffen, werden wir froh. Hallo, hallo, hallo! Wenn wir uns treffen, werden wir froh.

Strophen:

1. Du bis ganz anders als ich, und trotzdem freu' ich mich.
   Du bis ganz anders als ich, und trotzdem freu' ich mich.
2. Schön ist es, dass es dich gibt, dass Gott uns beide liebt.
   Schön ist es, dass es dich gibt, dass Gott uns beide liebt.
3. Gott dachte sicher an mich, und darum schuf er dich.
   Gott dachte sicher an mich, und darum schuf er dich.
4. Wir sagen allen so gern, wir haben einen Herrn.
   Wir sagen allen so gern, wir haben einen Herrn.
5. Es ist der Herr dieser Welt, der uns zusammenstellt.
   Es ist der Herr dieser Welt, der uns zusammenstellt.

Einführung in das Thema »kinderleicht«

Lied »kinderleicht« (nach der Melodie von EG 515: Laudato si, EG 515)

Refrain:

Kinder, kinderleicht ist für jeden etwas anderes, Kinder, kinderleicht finden wir nicht immer alles, Kinder, kinderleicht ist, was wir so gerne machen, Kinder, kinderleicht sind alle tollen Sachen.

Strophen:

1. Kinderleicht ist, schöne Lieder singen, kinderleicht ist, über
   Steine springen, kinderleicht ist, nach Musik zu tanzen,
   kinderleicht das Packen meines Ranzen.

2. Kinderleicht ist für mich Bücher lesen, kinderleicht das Lieben aller Wesen, kinderleicht ist für mich, schnell zu laufen, kinderleicht ist für mich, nicht zu raufen.
3. Kinderleicht ist, andern Hilfe geben, kinderleicht ist, froh zusammen leben, kinderleicht ist, andern zuzuhören, kinderleicht ist, nichts mehr zu zerstören.

Anspiel I: »Was man wiegen und messen kann«
mit zwei Darstellern (A und B). Waage steht mit einem Tuch verhüllt auf der Bühne. B möchte das Tuch abziehen.

A: Halt, halt, halt!
B: Ich möchte jetzt wissen, was unter dem Tuch ist.
A: Dann rate doch mal.
B: Ein Denkmal. Wir sind in Leipzig, dann ist es bestimmt Bach.
A: Du bist etwas einfallslos. Was unter dem Tuch ist, hat mit dem Thema zu tun: Kinderleicht.
B: Na, kinderleicht ist es nicht.
A: Das Thema lautet: »Kinderleicht«.
B: Sind Kinder unter dem Tuch?

A zieht das Tuch hin und her, ohne die Waage zu enthüllen.

B: Stimmt, das Tuch hängt schlaff, wie ein Segel ohne Wind.
A: Du hast noch einen Versuch.
B: Es muss etwas Leichtes sein. Vielleicht ein riesiger Berg Federn?
A: Du bist völlig auf dem Holzweg.
B: Ich weiß es nicht.
A: Lass uns das Geheimnis enthüllen!

Die Waage wird enthüllt und betrachtet.

B: Eine Waage? Ziemlich altmodisch das Teil.
A: Aber sie funktioniert.
B: Dann probieren wir sie aus.

Beide Darsteller testen die Grundfunktion der Waage.

A: Man kann ja alles wiegen!
B: Man kann alles messen?
A: Man kann alles zählen!
B: Das glaube ich nicht. Du kannst nicht alles wiegen, messen und zählen.
A: Klar kann man das.

B: Wie viel wiegt ein gutes Wort?
A: Das kann ich nicht auf die Waage legen.
B: Wie teuer ist ein guter Freund?
A: Das kann ich nicht messen.
B: Wie tief kann eine Lüge verletzen?
A: Das spürt man.
B: Wie groß kann Freude sein?
A: Da nützt mir die Waage nichts.
B: Nicht alles kann man wiegen, zählen und messen.

Lied Lobe den Herrn, meine Seele (*frei*Töne 80)

Anspiel II: Zachäus tritt auf und prüft die Waage (nach Lukas 19,1–10)
mit vier Darsteller(inne)n (Zachäus und drei Händlern) und drei unterschiedlichen Stimmen aus dem Off.

Zachäus: Es gibt immer wieder Menschen, die keine Achtung vor meiner Arbeit haben. Die schleichen sich in der Nacht unbemerkt zu meiner Waage und versuchen, sie zu demolieren. Zum Glück kommt es selten vor, denn die Wachen passen gut auf. Die Leute mögen mich nicht, dabei mache ich nur meine Arbeit, und die erledige ich perfekt. Was hast du in dem Sack?
Händler 1: Getreide.
Zachäus: Stell ihn auf die Waage. Ich bekomme einen halben Denar Zoll von dir.
Händler 1: Letzte Woche habe ich weniger bezahlt.
Zachäus: Aber heute sind die Preise gestiegen. Du kannst auch umkehren.
Händler 1: Dieser Halsabschneider. Bloß gut, dass er meine Wut nicht messen kann. Darauf würde er auch Steuern erheben.
Zachäus: So ist das immer. Ich lege den Zoll fest und die Leute sind darüber verärgert. Was soll ich denn machen? Den Beruf wechseln? Es ist eine leichte Arbeit, bei der man gut verdient.
Händler 2: Ich habe es eilig. Was muss ich bezahlen?
Zachäus: Für den Ballen Stoff? Hast du noch mehr zu verzollen?
Händler 2: Wie kommst du darauf?
Zachäus: Bei deinem letzten Besuch warst du nicht so dick.
Händler 2: Ich war noch nie hier.
Zachäus: Aus was besteht dein Bauch?
Händler 2: Woraus ist ein Bauch?

Zachäus: Stell dich nicht dumm. Entweder du bezahlst für die ganze Ware oder ich rufe die römische Wache.

Händler 2: Ist schon gut. Du hältst es mit den Feinden unseres Volkes.

Zachäus: Erst betrügen wollen und mich dann beschimpfen. Ich habe die Gesetze nicht gemacht.

Händler 2: Aber du lebst gut von ihnen.

Zachäus: Man akzeptiert mich nicht. Liegt es an mir oder an meiner Arbeit? Wenn ein Händler betrügen will, ist es gut, wenn ich betrüge, ist es eine Katastrophe. Was hast du zu verzollen?

Händler 3: Einen Beutel Bohnen.

Zachäus: Das macht 3 Heller...

Händler 3: Auf dem Markt bekomme ich 4 Heller dafür.

Zachäus: Die Preise für Lebensmittel sind im Keller.

Händler 3: Warum passt sich der Zoll nicht an?

Zachäus: Gesetze verändern sich in einer anderen Geschwindigkeit als Preise. Rechtzeitige Erhöhungen haben Priorität.

Zeitungsmeldung 1: Jesus aus Nazareth wertet Kinder auf. Am Mittwoch kam es zu einer erstaunlichen Szene: Mütter wollten mit kleinen Kindern zu Jesus. Er ließ sie nicht vertreiben, sondern segnete sie!

Zeitungsmeldung 2: Mann aus Galiläa macht flotte Sprüche! Auf eine Frage antwortete er: Es ist leichter, dass ein Kamel durch ein Nadelöhr geht, als dass ein Reicher ins Reich Gottes kommt.

Zeitungsmeldung 3: Sensation in Jericho! Blinder, schreiender Bettler wird von Jesus geheilt. Der sehende Bettler ist bis heute nicht still.

Zachäus: Den muss ich sehen!

(*steigt auf die Leiter; alle anderen ab.*)

Predigt

Liebe junge und liebe alte Kinder – liebe Gottes-Kinder!

Jesus kommt in die Stadt. Und wo Jesus kommt, da kommt Gott. Gott kommt in die Stadt. »Na und?! Ist mir doch egal«, sagen die einen. Und die anderen? Vielleicht sagt Ihr: »Das will ich mal sehen, den will ich sehen!« Ihr seid neugierig. So ging es Zachäus. Wer ist Zachäus? Von ihm wird in der Bibel erzählt. Er ist ein Oberer der Zöllner und ist reich. Er ist einer, der abwiegt, misst und dabei sehr genau ist. Er ist ein Chef. Er sitzt oben. Was er sagt, das hat Gewicht. Er muss aufpassen. Und er versteht es, zu seinen Gunsten zu rechnen. Er ist reich, er ist groß. Aber er ist auch klein. Er ist zu klein, um Jesus zu sehen, der in die Stadt kommt. Er sieht nicht genug.

Wie ein Kind, kinderleicht, klettert er, der große, mächtige Mann, auf einen Baum (*zeigt auf die Leiter mit Zachäus*). Er ist neugierig auf Jesus. Er will ihn sehen. Von dort oben will er auf Jesus hinab sehen. Aber als Jesus kommt, wird alles ganz anders. Wird es kinderleicht? Noch sitzt er da oben. Von ganz oben, er ist ja schließlich ein Chef, will er Jesus sehen. Da sitzt er und wartet. Doch Jesus hat ihn schon längst gesehen. Er spricht ihn an. Und holt ihn runter von da oben, auf den Boden (*Zachäus steigt von der Leiter, er geht runter und setzt sich zwischen die Leute*). Jesus sehen »von oben herab«, das geht nicht.

Jesus sieht Zachäus freundlich an, und das verändert ihn. Kinderleicht? So hat es angefangen: Jesus kommt in die Stadt, nach Jericho, dort lebt Zachäus. Er kommt und lädt sich bei Zachäus ein. Darüber freut sich Zachäus, und andere ärgern sich: »Gerade bei dem, wenn Jesus doch wüsste, was das für einer ist, was bei dem los ist, was der für ein mieser Kerl, was der für ein Betrüger ist!« Jesus weiß, dass da nicht alles o. k. ist. Gerade deshalb kommt Gott, die Perfekten brauchen ihn nicht. Auch bei uns ist nicht alles perfekt. Wir sitzen hier mit dem, was uns gelingt, und mit dem, was nicht so gut ist, und warten, dass Jesus zu uns kommt, auch nach Leipzig, auf unser Stadtfest! Warum? Weil in unserer Stadt auch nicht alles heil ist.

»Heute ist diesem Haus«, da, wo Jesus zu Gast war, »Heil widerfahren«, heißt es in der Geschichte von Zachäus. Das wünsch ich mir auch für uns: für unsere Stadt. Was ist das Heil? Was geschieht? Was ist mit Zachäus los? Ist er verrückt? Für ihn wird alles ganz anders. Für Zachäus verändern sich die Gewichte. Zachäus verändert sich: Er blickt anders auf seine Arbeit, auf sein Geschäft. Die Sehnsucht nach immer mehr und die Neugier auf Jesus hat das heillose Geschäft seines Lebens ins Wanken gebracht und geheilt. Er sieht sich selbst und die anderen anders. Bisher hat er alles gezählt, alles rausgeholt für sich. Jetzt verschenkt er, so erzählt der Evangelist Lukas die Geschichte. Und wie kommt so etwas? Kinderleicht?

Nein, Zachäus zählt immer noch und wiegt ab. Nicht dass er nicht mehr zählt. Gleich nachdem er mit Jesus gegessen und getrunken hat, stellt er sich vor Jesus hin und rechnet: Er kann rechnen, das ist auch seine Gabe. Aber er rechnet jetzt anders. »Siehe, Herr, die Hälfte von meinem Besitz gebe ich den Armen, und wenn ich jemanden betrogen habe, so gebe ich es vierfach zurück.« Er macht seine Rechnung jetzt für die, die zu kurz gekommen sind, die Armen. Ihm ist daran gelegen, dass gerecht verteilt wird. Jetzt wiegt anderes schwer. Er ist verändert. »Heute ist diesem Hause Heil widerfahren.« Die Begegnung mit Jesus hat Zachäus geheilt. Ist er denn krank gewesen? Er hat krankhaft gerechnet. Und das, was man nicht wiegen und messen kann, das hatte er aus dem

Blick verloren. Das tat ihm und anderen nicht gut. Gott sei Dank kam Jesus in die Stadt. Jesus kann heilen, was das Miteinander kaputt macht.

Wir haben für diesen Gottesdienst hier die große Waage aufgestellt: Was wiegt schwer? »Kinderleicht« ist das doch: Ein Erwachsener wiegt mehr als ein Kind? Eine Eins ist mehr wert als eine Fünf? Gesundheit mehr als Krankheit? Ein Kind ist immer oben, es ist kinderleicht, es ist oben, dem Himmel näher. Wir feiern den Gottesdienst zum Stadtfest. Unsere Stadt hat in diesem Jahr ein kleines Bildchen auf allen offiziellen Briefen aus dem Rathaus. Unicef – Leipzig für Kinder, eine kinderfreundliche Stadt? Spiele-Straße, das ist ein Projekt. Ist das so? Geht es Kindern in Leipzig gut? Für Kinder ist nicht alles »kinderleicht«. Viele haben es schwer, sie halten dem Leistungsdruck von Lehrern und Eltern nicht stand. Und mit Kindern ist es auch nicht »kinderleicht«, das wissen die Väter und Mütter. »Kinder sind ein Armutsrisiko«, heißt es in dem jüngsten Armutsbericht unseres Landes. Wenn wir Zukunft wollen, müssen wir mit Kindern rechnen – ohne sie zu verrechnen, denn das geht schief, das tut nicht gut.

Wir haben ein Buch in die Waagschale geworfen: ein Kinderbuch, es ist kein gewöhnliches Buch. Wir haben die christlichen Gemeinden Leipzigs gefragt: Was geschieht bei Euch mit Kindern und für Kinder? Wir wollten bei uns selbst anfangen und uns fragen: Was hat Gewicht? Jede Gemeinde sollte etwas davon auf einem Blatt zeigen. Daraus sind viele Bilder in den letzten Wochen entstanden. Einige davon haben wir im Hintergrund der Bühne in Kreuzform aufgehängt. Es soll ein Buch daraus werden. »Kinderleicht«: wir als Christen der Stadt für Kinder. Wir können von einander lernen, wenn wir neugierig wie Zachäus sind. Neues entdecken. Sie können sich nach dem Gottesdienst die Blätter in einer Ausstellung in der Nikolaikirche ansehen. Die einzelnen Seiten sind dort für Sie und Euch aufgehängt.

Mitten auf dem Stadtfest feiern wir Gottesdienst, mitten in der Stadt. Im Gottesdienst lädt sich Jesus bei uns, in unsere Stadt ein. Wir leben in einer Stadt, in der viel gerechnet wird und es viel abzuwägen gilt, das ist auch nötig. Aber ebenso nötig ist das andere: Wir feiern es hier schon: das Agapemahl. Es hat eine lange Tradition in der christlichen Kirche. Wir teilen Brot und Trauben. Es ist anders als die Mahlzeiten zu Hause. Wenn wir hier miteinander teilen, müssen wir auch rechnen, aber anders: Groß und Klein zusammen, Inländer und Ausländer, Chefs und solche, die nichts zu sagen haben: Jede/jeder empfängt das Gleiche, und wir danken Gott für das, was wir haben und sind, alle so verschieden, wie wir sind. Das ist das Besondere. Wir wissen, unser Leben hängt davon ab, was vom Himmel, von Gott in die Waagschale kommt, himmelweit und kinderleicht, das hängt zusammen. Himmel und Erde können sich berühren? Ja, sonst säßen wir nicht hier.

Was das soll? Wenn wir sagen: »Komm Herr Jesus, sei unser Gast ...«, und er, Gott, kommt, dann verändert das. Der heilt, so erzählt die Geschichte von Zachäus: »Diesem Hause«, dieser Stadt ist Heil widerfahren. Es kann heil werden, was kaputt ist in uns und mit uns. Was schwer ist und lastet, kann kinderleicht werden. Dazu schenke uns Gott seinen Geist. »Komm, Herr Jesus, sei du unser Gast und segne, was du uns gegeben hast!«

Amen.

Lied Wo Menschen sich vergessen (*frei*Töne 172)

Agapemahl

Sprecher 1: Miteinander singen und beten, gemeinsam auf Gottes Wort hören und in der Auslegung des Wortes neue Wege entdecken und verstehen, dass unser Leben unter Gottes Freundlichkeit wachsen kann, gerade dann, wenn wir das Empfangene teilen.

Sprecher 2: Teilen auch unter Kindern und Erwachsenen: aufeinander hören, verständlich miteinander reden, sich in die Augen sehen, füreinander da sein, sich ergänzen, voneinander lernen. All das ist eigentlich kinderleicht.

Sprecher 1: Ein »Agapemahl« wollen wir jetzt miteinander feiern. »Agape« heißt Liebe. Gottes Liebe zu Christus und den Menschen und zugleich unsere Liebe zu Christus und Gott. Schon die ersten Christen haben sich in den Häusern getroffen und miteinander gegessen als Zeichen der Gemeinschaft mit Gott und untereinander; als Zeichen der Liebe zueinander. So wollen wir es auch verstehen. Brot und Weintrauben sind dafür biblische Symbole. Sie erinnern uns, dass wir alle aus der Güte Gottes und aus der Vielfalt seiner Schöpfung leben.

Sprecher 2: Und alle dürfen daran teilnehmen: Kinder und Erwachsene, also Kleine und Große und Mittlere, Kranke und Gesunde, die, die aus Leipzig kommen, und alle, die hier zu Gast sind – aus verschiedenen Kirchen und Gemeinden und Menschen aus dem Ausland, aus Afrika vielleicht oder aus Asien. Ganz egal. Alle dürfen dabei sein, denn Gottes Güte reicht für alle Menschen.

Wir wollen beten: Lieber Gott, wir danken dir für die guten Gaben hier. Hilf, dass in der ganzen Welt jeder Mensch sein Brot erhält.

Amen.

Sprecher 1: Und nun teilen wir aus. Kinderleicht reichen wir die Körbe durch die Reihen. Und wir achten darauf, dass alle etwas bekommen.

Austeilung von Brot und Trauben

Dankgebet

Sprecher 1: Wir haben ausgeteilt. Nun lasst uns danken und beten:

Sprecher 2: Lieber Gott, in deinem Namen haben wir ausgeteilt und empfangen, und es hat für alle gereicht. Kinderleicht.

Sprecher 1: Wir danken dir für dieses Wunder. Lass es immer wieder geschehen, dass wir im Austeilen empfangen und Empfangenes teilen und so in der Kraft des Heiligen Geistes an deiner neuen Welt mitbauen.

Amen.

Fürbitten

Erwachsene/Eltern: Gott, danke für die Kinder, die zu unserem Leben gehören. Danke für ihr Lachen, danke für ihr Staunen, danke für ihre Fragen, mit denen sie uns fordern. Lehre uns, ihre Gedanken und ihre Sorgen nicht auf die leichte Schulter zu nehmen.

Liedruf: »Kyrie eleison« (EG 178.12)

Ältere: Gott, schenke uns Älteren etwas von der Leichtigkeit der Kinder: Hilf uns, neugierig zu bleiben. Lass uns nicht aufhören zu fragen, was die Kinder und die Jugendlichen heute bewegt. Zeige uns, was wir tun können für unsere Enkelkinder, für Kinder in der Nachbarschaft und in der Gemeinde. Erinnere uns daran, ihren Weg im Gebet zu begleiten.

Liedruf: »Kyrie eleison«

Jugendliche: Gott, als junge Menschen bitten wir dich für unsere Eltern, dass sie uns nicht ihre eigenen Pläne und Ziele aufladen. Stärke uns den Rücken, damit wir durchhalten können, wenn es schwierig wird in der Schule, im Beruf oder in unseren Beziehungen.

Liedruf: »Kyrie eleison«

Kinder: Gott, wir bitten dich für alle Kinder, die es schwer haben: Wir bitten für die Kinder in China und Birma, die kein Dach mehr über dem Kopf haben. Wir denken auch an die Kinder, die nicht genug zu essen haben. Wir bitten für die Kinder, die keine Eltern mehr haben oder keinen Menschen, der sie lieb hat.

Liedruf: »Kyrie eleison«

Erwachsene: Lass uns nicht wegschauen, wenn Kinder eine leichte Beute werden für Menschen, die ihnen Gewalt antun. Mach uns wach dafür, wo Kinder vernachlässigt und misshandelt werden. Gib uns Mut, uns einzumischen.

Vater unser

Vater unser im Himmel.
Geheiligt werde dein Name.
Dein Reich komme.
Dein Wille geschehe,
wie im Himmel, so auf Erden.
Unser tägliches Brot gib uns heute.
Und vergib uns unsere Schuld,
wie auch wir vergeben unsern Schuldigern.
Und führe uns nicht in Versuchung,
sondern erlöse uns von dem Bösen.
Denn dein ist das Reich
und die Kraft
und die Herrlichkeit in Ewigkeit.

Amen.

Lied Nun danket alle Gott (EG 321)

Sendung und Segen

Musik

Reinhard Höppner

Laudatio[1]

Die Kirche im öffentlichen Raum, draußen auf dem Marktplatz. Das sollte es nach dem Willen der DDR-Machthaber nicht geben. Wenigstens hinter den Kirchenmauern sollte sie bleiben. Vor genau 20 Jahren eroberten sich die Menschen, die zu den Friedensgebeten nach Leipzig kamen, genau diesen öffentlichen Raum. Was ist aus euren Träumen vom Herbst 1989 geworden, werden wir manchmal mit etwas vorwurfsvollem Unterton gefragt. Und auch wir müssen uns kritisch fragen: Was haben wir aus den neu errungenen Freiheiten gemacht?

Ein gutes Beispiel soll heute herausgehoben und geehrt werden. Ein Gottesdienst, der genau auf dem Platz stattfand, auf den die friedlichen Demonstranten zu den Friedensgebeten strömten, auf dem Nikolaikirchplatz mitten in der Stadt.

Leipzig, 2008 Partnerstadt von UNICEF, hat anlässlich des Stadtfestes am 8. Juni 2008 diesen Familiengottesdienst nicht nur in der Öffentlichkeit der Stadt, sondern auch mit öffentlichen Partnern, mit Stadt, Flüchtlingsrat, Schulen und Kinderinitiativen gefeiert. Kinder standen im Mittelpunkt, auch als Mitgestalter und Beteiligte. Und er war kein Fremdkörper in der weitgehend säkularisierten Stadt, denn auch Nichtchristen konnten seine Botschaft verstehen.

Am Sinnbild einer Waage, extra für diesen Anlass gefertigt, wurde deutlich, dass nicht alles zu messen ist, was einen Menschen ausmacht: Wie viel wiegt ein gutes Wort? Wie teuer ist ein guter Freund? Wie tief kann eine Lüge verletzen? Auf der Waage sind die Kinder leichter als die Erwachsenen und damit dem Himmel näher. »Kinderleicht« war das Motto.

Die Vorbereitung war so kinderleicht dann doch nicht. Der Gottesdienst ist freilich so sorgfältig und mit Liebe vorbereitet worden, dass man ihm die Mühe nicht mehr anmerkt. Mit Liebe vorbereitet, das sollte jeden Gottesdienst prägen. Für einen solchen öffentlichen Gottesdienst andere zu begeistern, das braucht wohl das Feuer des Heiligen Geistes. Das hat die Vorbereitungsgruppe des Stadtökumenekreises Leipzig unter der Regie von Frau Pfarrerin Biskupski wohl gehabt, und das ist aller Ehren wert.

1 Während des Abends der Ausgezeichneten Ideen auf der Zukunftswerkstatt der EKD im September 2009 in Kassel. Da neben dem Gottesdienstpreis noch weitere Preise verliehen wurden, gab es eine zeitliche Begrenzung für die Laudatio.

Darum ehren wir sie heute. Die Gottesdienststiftung hat den Gottesdienstpreis, der in diesem Jahr erstmals vergeben wird, für diesen Gottesdienst dem Stadtökumenekreis in Leipzig verliehen.
Herzlichen Glückwunsch.

2. Gottesdienst mit Konfirmandinnen und Konfirmanden

Iris Opitz-Hollburg

Der Gottesdienst »Erinnern und Gedenken«

gefeiert am 24. Januar 2010 in der Evangelisch-reformierten Kirche in Detmold-Berlebeck

Musik

Votum und Begrüßung *(2 Konfirmand/innen)*

Unser Anfang und unsere Hilfe stehen im Namen des Herrn, der Himmel und Erde gemacht hat, der Bund und Treue hält ewiglich und der niemals preisgibt das Werk seiner Hände.

Liebe Gemeinde!

Wir heißen Sie herzlich willkommen zu diesem Gottesdienst.

Im Konfirmandenunterricht haben wir uns mit der Verfolgung und Vernichtung der Juden zur Zeit des Nationalsozialismus beschäftigt. Dazu haben wir den Film »Der Junge im gestreiften Pyjama« gesehen. Daran möchten wir Sie teilhaben lassen. Wir werden einige Szenen aus dem Film in diesem Gottesdienst vorspielen. Wir verstehen nicht, wie das alles geschehen konnte. Wir begreifen nicht, wozu Menschen fähig sind.

Erinnern und Gedenken: Das wird das Thema dieses Gottesdienstes sein.

Unsere Fragen und unsere Hilflosigkeit bringen wir vor Gott. Von ihm erbitten wir Kraft, Weisung und Trost.

So feiern wir diesen Gottesdienst im Namen Gottes des Vaters und des Sohnes und des Heiligen Geistes.
Amen.

Lied Kommt herbei, singt dem Herrn (EG West 577,1–6)

Psalm 86

Zwei Konfirmand(inn)en im Wechsel zusammen mit der Gemeinde

Herr, neige deine Ohren und erhöre mich;
denn ich bin elend und arm.
 Bewahre meine Seele, denn ich bin dein.

Hilf du, mein Gott, deinem Knechte,
der sich verlässt auf dich.
Herr, sei mir gnädig;
denn ich rufe täglich zu dir.
Erfreue die Seele deines Knechts;
denn nach dir, Herr, verlangt mich.
Denn du, Herr, bist gut und gnädig,
von großer Güte allen, die dich anrufen.
Vernimm, Herr, mein Gebet
und merke auf die Stimme meines Flehens!
In der Not rufe ich dich an;
du wollest mich erhören!
Herr, es ist dir keiner gleich unter den Göttern,
und niemand kann tun, was du tust.
Alle Völker, die du gemacht hast, werden kommen
und vor dir anbeten, Herr, und deinen Namen ehren,
dass du so groß bist und Wunder tust
und du allein Gott bist.
Weise mir, Herr, deinen Weg,
dass ich wandle in deiner Wahrheit;
erhalte mein Herz bei dem einen,
dass ich deinen Namen fürchte.

Gebet (*eine Konfirmandin*)

Herr, unser Gott, lieber Vater im Himmel. In deinem Namen sind wir versammelt. Du bist mitten unter uns. Wir haben vom Elend deines Volkes gehört, wir haben es in Bildern gesehen. Wir haben gehört und gesehen, was Menschen einander antun können. Wir können das Entsetzliche nicht fassen. Lenke unsere Sinne auf dich. Lass uns deine Stimme hören. Lass das Vertrauen zu dir wachsen, stärke unsere Hoffnung. Gib uns Rat und Weisung, offene Ohren und einen wachen Blick, nicht wegzuschauen, wenn Menschen in unserer Nähe bedrängt werden.
Stärke uns dazu in diesem Gottesdienst.

Amen.

Lied Gott gab uns Atem (EG 432,1–3)

Anspiel: Der Junge im gestreiften Pyjama

Erzähler: Wir werden Bruno und Schmuel kennenlernen. Bruno ist ein deutscher Junge, der mit seiner Familie von Berlin nach Auschwitz in Polen gezogen ist. Sein Vater ist Kommandant des Vernichtungslagers. Aber Bruno weiß nicht, was sein Vater tut, und er weiß auch nicht, was in Auschwitz geschieht. Brunos Hobby ist Forschen. Weil er sich langweilt, will er die Umgebung erforschen, und kommt dabei eines Tages an den Zaun des Lagers: Dort sieht er hinter dem Zaun einen Jungen in seinem Alter sitzen. Neugierig geht er hin.

1. Spielszene:

Im Kirchenraum ist Stacheldraht ausgerollt.

Bruno: Hallo.
Schmuel: Hallo. *(Guckt traurig auf den Boden und sieht dann zu Bruno mit traurigem Gesichtsausdruck auf)*
Wo kommst du denn her?
Bruno: Ich forsche hier. Und du, was machst du hier?
Schmuel: Ich sitze hier, weil ich allein sein möchte.

Bruno schaut Schmuel nachdenklich, aber interessiert an. Er setzt sich auf seiner Zaunseite in den Schneidersitz, so wie Schmuel es auf seiner Seite tut.

Schmuel: Ich heiße Schmuel.
Bruno: Schmuel? Das klingt aber komisch. Den Namen habe ich noch nie gehört. So heißt doch kein Mensch.
Schmuel: *(guckt traurig)* Auf dieser Seite des Zauns heißen viele Schmuel.
Bruno: Ich heiße übrigens Bruno!
Schmuel: Bruno? Das klingt aber auch komisch. Bruno? Den Namen habe ich auch noch nie gehört.
Bruno: Mir ist auch noch niemand begegnet, der Bruno heißt, vielleicht bin ich der Einzige.

Kurze Pause

Schmuel: Ich hätte auch gern einen Namen, den ich nur alleine habe.
Bruno: Wie alt bist du eigentlich?
Schmuel: *(überlegt und senkt den Blick zu seinen Fingern und zählt mit den Fingern von 1–9)*
Ich bin neun, denn ich habe am 15. April 1934 Geburtstag.

Bruno: *(starrt Schmuel verblüfft an, reißt die Augen auf und formt den Mund zu einem erstaunten O)* Das glaube ich nicht. Ich habe auch am 15. April 1934 Geburtstag. Wir sind am selben Tag geboren.

Schmuel: Echt? Dann bist du also auch neun?

Bruno: Ja. Ist das nicht komisch? Wir sind wie Zwillinge. *(ist völlig begeistert)*

Schmuel: Stimmt, ein bisschen. *(lächelt)*

Bruno: Warum hast du am helllichten Tag einen Schlafanzug an?

Schmuel: Als wir herkamen, wurde uns unsere Kleidung weggenommen, dafür bekamen wir diese gestreiften Anzüge. Ich glaube, du weißt gar nicht, wie viele wir auf der Seite des Zaunes sind. Hier sind Abertausende.
Woher kommst du eigentlich?

Bruno: Ich wohne in dem Haus dort hinten. Aber eigentlich komme ich aus Berlin.

Schmuel: Wo ist das?

Bruno: *(öffnet den Mund und überlegt)* In Deutschland natürlich. Kommst du etwa nicht aus Deutschland? *(guckt verwundert)*

Schmuel: Nein, ich komme aus Polen.

Bruno: Und warum sprichst du dann Deutsch?

Schmuel: Weil du mich auf Deutsch begrüßt hast. Also habe ich auf Deutsch geantwortet.
Sprichst du Polnisch?

Bruno: Nein, *(lacht nervös)* ich kenne keinen, der zwei Sprachen spricht. Schon gar nicht in unserem Alter.

Schmuel: Mama ist Lehrerin in meiner Schule, von ihr habe ich Deutsch gelernt. Sie spricht auch Französisch, Italienisch und Englisch. Sie ist sehr klug.

Bruno: Polen ist nicht so schön wie Deutschland oder? *(ist nachdenklich)*

Schmuel: *(runzelt die Stirn)* Warum nicht?

Bruno: Na ja, weil Deutschland das größte aller Ländern ist, und Vater hat gesagt, dass wir überlegen sind, aber ich weiß nicht, ob das stimmt. *(wartet ein paar Sekunden)*
Wo liegt Polen eigentlich?

Schmuel: In Europa. Wir sind hier in Polen.

Bruno: Wirklich?

Schmuel: Ja, auch wenn das hier kein schöner Teil von Polen ist. Wo ich herkomme, ist es viel schöner.

Bruno: Aber bestimmt nicht so schön wie in Berlin, dort hatten wir ein großes Haus mit fünf Stockwerken und da waren hübsche Straßen mit Geschäften, Obst- und Gemüseständen und vielen Cafés. Es war alles viel schöner, bevor sich alles verändert hat. *(er blüht beim Erzählen auf)*

Schmuel: Wie meinst du das? (*guckt fragend)*

Bruno: Früher war es dort ruhig *(wieder trauriger*) und abends konnte ich im Bett noch lesen.
Aber jetzt ist es manchmal sehr gruselig und laut, und wenn es dunkel wird, müssen wir alle Lichter ausmachen.

Schmuel: Wo ich herkomme, ist es viel schöner als in Berlin. Wir haben eine große Familie. Wir wohnten in einer kleinen Wohnung über der Werkstatt, in der Papa seine Uhren machte. Jeden Morgen haben wir gefrühstückt, und während mein Bruder und ich in der Schule waren, hat Papa die kaputten Uhren von Kunden repariert oder neue gemacht. Ich hatte eine wunderschöne Armbanduhr von ihm. Sie hatte ein goldenes Zifferblatt, und ich zog sie jeden Abend vor dem Schlafengehen auf. Zuhause waren alle freundlich und das Essen war auch viel besser.

Lied Hevenu schalom (EG 433)

2. Spielszene:

Bruno: Hallo Schmuel.

Schmuel: Hallo! Schön, dass du gekommen bist. Ich sitze gern hier und rede mit dir. Du bist mein Freund.

Bruno: Und du bist mein Freund. Obwohl, das ist die seltsamste Freundschaft, die ich jemals hatte.

Schmuel: Warum?

Bruno: Weil wir überhaupt nicht richtig spielen. Wir sitzen immer nur da und reden. Wir sollten mal was Aufregenderes machen. Vielleicht die Gegend erforschen. Oder Fußball spielen. Wir haben uns noch nie ohne den Stacheldraht zwischen uns gesehen.

Schmuel: Da hast du Recht. Übrigens, ich komme hier raus. Nicht richtig natürlich. Nur für kurze Zeit, ich soll nämlich bei einem Fest helfen.

Bruno: Bei einem Fest?

Schmuel: Denk dir, einer von diesen Soldaten hier im Lager hat mir den Befehl gegeben, heute in einem Haus von Deutschen zu helfen. Ich soll Gläser polieren, weil ich so kleine Hände habe.

Bruno: Bei Deutschen? Das kann ja nur bei uns sein, sonst wohnt hier ja keiner. Dann sehen wir uns ja heute bei uns.

Schmuel: Vielleicht. Aber sag mal, hast du was zum Essen dabei?

Bruno: Nein, tut mir leid, ich hab es vergessen. Eigentlich wollte ich Schokolade mitnehmen.

Schmuel: Schokolade? Schokolade habe ich nur einmal gegessen.

Bruno: Nur einmal? Ich liebe Schokolade. Ich kann nicht genug davon kriegen, obwohl Mutter sagt, Schokolade ruiniert die Zähne.

Schmuel: Hast du denn vielleicht ein bisschen Brot?

Bruno: *(kopfschüttelnd)* Gar nichts. Aber weißt du was, wenn du heute Abend sowieso bei uns bist, dann kann ich dir ja was geben.

Schmuel: Oh nein, das ist streng verboten. Das darf ich nicht, der Soldat hat es extra gesagt.

Bruno: Wir werden ja sehen. Bis heute Abend.

Schattenspiel:

Schmuel poliert die Gläser: Bruno kommt herein und begrüßt Schmuel freundlich, klopft ihm auf die Schulter. Auf dem Tisch steht Kuchen. Bruno zeigt darauf. Schmuel schüttelt den Kopf. Bruno ermuntert Schmuel, davon zu essen. Zögernd, dann mit Heißhunger verschlingt Schmuel den Kuchen. Ein Soldat kommt herein und sieht, wie Schmuel isst. Der Soldat starrt Schmuel an. Der schüttelt den Kopf und zeigt auf Bruno. Bruno zögert. Dann schüttelt er den Kopf. Der Soldat zerrt Schmuel an der Haaren nach hinten und schlägt auf ihn ein.

3. Spielszene:

Bruno und Schmuel sitzen wieder am Zaun
Die Gedanken von Schmuel und Bruno werden aus dem Hintergrund von zwei Konfirmanden gelesen.

Gedanken von Schmuel:

Es tut noch so weh! So geschlagen hat mich der Soldat. Nur weil ich ein bisschen gegessen habe. Ich hatte doch solch einen Hunger. Und ich hab es mir doch gar nicht genommen. Bruno hat es mir doch gegeben. Dabei wusste er, dass ich nichts essen darf. Er hat doch gesagt: »Ich bin dein Freund!« Er ist doch nicht mein Freund! Ein Freund verrät doch seinen Freund nicht. Wie konnte er mir das antun? Wenn es drauf ankommt, dann lässt er mich im Stich.

Gedanken von Bruno:

Ich bin ein Verräter. Wie konnte ich das nur tun? Schmuel ist doch mein Freund. Als der Soldat reinkam und ich sah, wie böse er war, hatte ich nur Angst. Ich wollte das nicht. Was soll ich nur tun? Ob ich noch Schmuels Freund sein darf? Was ist, wenn Schmuel nichts mehr mit mir zu tun haben will? Es tut mir so leid. Ich muss mich bei ihm entschuldigen.

Bruno: Schmuel? Es tut mir so leid, Schmuel. Ich weiß nicht, warum ich das getan habe. Verzeih mir bitte?! Noch nie habe ich einen Freund so hängen lassen. Schmuel, ich schäme mich vor mir selber. Nie wieder will ich so etwas tun. Das verspreche ich dir.

Schmuel: Ist schon gut. *(Schmuel lächelt und reicht ihm die Hand durch den Zaun).*

Bruno: Tut's noch weh?

Schmuel: Inzwischen spüre ich nichts mehr.

Bruno: Es sieht aber aus, als würde es wehtun.

Schmuel: Das ist es nicht.

Bruno: Was ist es dann?

Schmuel: Papa! Wir können ihn nicht finden.

Bruno: Nicht finden? Wieso? Du meinst, er ist verloren gegangen?

Schmuel: So ähnlich. Am Montag war er noch da, dann ging er mit ein paar anderen Männern zum Arbeitsdienst, und keiner von ihnen ist zurückgekommen.

Bruno: Hat er dir keinen Brief geschrieben? Oder eine Nachricht hinterlassen, wann er zurückkommt?

Schmuel: Nein, gar nichts. Nichts, überhaupt nichts. Ich weiß nicht, wie wir ohne ihn zurechtkommen sollen.

Bruno: Ich helfe dir, deinen Vater zu suchen. Wir beiden werden forschen und ihn finden.

Schmuel: Aber das geht doch nicht.

Bruno: Doch, das geht: Ich brauche nur so einen gestreiften Anzug, wie du ihn anhast, dann könnte ich auf einen Besuch rüberkommen, ohne dass jemand es spitzkriegt.

Schmuel: Meinst du wirklich? Würdest du das machen?

Bruno: Natürlich. Wir drehen eine Runde und sehen, ob wir Spuren finden. Das ist immer ratsam, wenn man forscht. Das einzige Problem dürfte sein, wie wir an einen zweiten gestreiften Anzug kommen.

Schmuel: Das ist einfach. Da ist eine Baracke, in der bewahren sie Kleidung auf. Ich kann einen in meiner Größe besorgen und mitbringen. Dann kannst du dich umziehen, und wir suchen Papa.

Bruno: Wunderbar. Dann ist das abgemacht.

Schmuel geht und kommt mit einem Anzug zurück. Bruno wartet.

Schmuel: Schau, ich habe dir die Sachen mitgebracht: Eine gestreifte Hose, Mütze und Jacke. Willst du mir wirklich immer noch helfen, meinen Papa zu suchen?

Bruno: Natürlich, ich lasse dich nicht noch einmal im Stich. Das habe ich dir doch versprochen. Los, hilf mir den Zaun anzuheben.

Bruno zieht seine Kleidung aus und den gestreiften Anzug an. Dann krabbelt er unter dem Zaun hindurch.

Bruno: Meine Oma hat immer gesagt: Mit den richtigen Kleidern fühlst du dich wie die Person, die du vorgibst zu sein. Genau das mache ich jetzt! Ich gebe vor, eine Person auf der anderen Zaunseite zu sein.

Schmuel: Ein Jude, meinst du.

Bruno: Ja, ein Jude.

Die beiden stehen Hand in Hand, gehen dann ab.

Erzähler:
Brunos Eltern und die Soldaten durchsuchten das ganze Haus nach ihm. Sie durchforsteten die umliegenden Ortschaften, doch er war nicht zu finden. Schließlich entdeckten sie Brunos Kleider am Zaun. Doch keiner konnte sich erklären, was mit dem kleinen Jungen passiert war. Die Eltern waren völlig verzweifelt. Bruno blieb verschwunden. Für immer.

Brunos Mutter und seine Schwester zogen nach Berlin zurück, doch der Vater blieb in Auschwitz. Immer dachte er an Bruno, immer wieder ging er zu der Stelle am Zaun, wo sie Brunos Kleider gefunden hatten. Nach einem Jahr entdeckte der Vater, dass der Zaun an dieser Stelle nicht richtig befestigt war. Voller Grauen wusste er plötzlich, was mit seinem Sohn geschehen war.

Gedicht (*zwei Konfirmandinnen*)
1. Sprecher/in: Erinnern – warum?
Ich bin kein Täter.
Ich bin nicht schuld!
Ich bin kein Opfer.
Ich verspüre keinen Hass.
Ich bin nicht dabei gewesen.
Erinnern – warum?

2. Sprecher/in: Erinnern – warum?
Wer sind die Täter?
Ich kenne niemand.
Wer sind die Opfer?
Ich kenne niemand.
Was geht mich das an?
Erinnern – warum?

1. Sprecherin: Erinnern – warum?
Ich bin jung.
Meine Zukunft liegt vor mir – nicht hinter mir.
Ich will mich auf mein Leben freuen.
Unvorbelastet!
Erinnern – warum?

Gitarrenstück einer Konfirmandin

Text eines Konfirmandenvaters

49.449 – eine Zahl, die mich seit dem 29.11.2009 beschäftigt und mich dazu, brachte diese Sätze nieder zuschreiben.

Was sagt dir diese Zahl?
49.449

Ein gut besuchtes Fußballspiel, der Kaufpreis eines deutschen Mittelklassewagens – oder ???

Für mich war es nur eine Zahl wie 12, 2.658 oder 18.569.

Am 9.11.2009 nahm ich mit meiner Familie am Gedenkmarsch zur Reichspogromnacht in Detmold teil. In der darauffolgenden Gedenkfeier mit Beiträgen von Schülern und Schülerinnen vom Leopoldinum und Grabbe-Gymnasium fiel der Begriff »Gleis 17 in Grunewald«. Es sollte ein Mahnmal zur Juden-Deportation sein. Gut.

Da wir Ende November einen Wochenendtrip nach Berlin planten, schaute ich bei Google nach, wo es war. Es war gleich in der Nähe unserer Jugendherberge. Also waren wir am 29.11. vormittags da. Als wir mit der S-Bahn ankamen, war das »Gleis 17« schon ausgeschildert. Wir folgten den Schildern und kamen zu einer alten, ausgetretenen Treppe. Auf der Hälfte der Treppe war an der rechten Seite der Wand eine Gedenktafel:

»Zum Gedenken der in Todeslager deportierten Juden
vom Oktober 1941 bis Februar 1945«

Als wir dann auf dem Bahnsteig standen, war da zuerst nichts außer ein paar Metallgittern. Beim genaueren Anschauen sah man, dass an der Bahnsteigkante zu jedem Gitter Zahlen standen. Es waren ein Datum und Angaben zur Personenzahl der verschleppten Juden, der verschleppten Menschen. Auf jeder Platte ein anderes Datum, eine andere Zahl, aber eins hatten alle gemeinsam: Die Namen der Vernichtungslager: AUSCHWITZ, THERESIENSTADT, BERGEN-BELSEN, RIGA, BUCHENWALD. Alles Namen unserer Geschichte. Keine schönen Namen. Namen, die Angst und Schrecken verbreiteten. Wir gingen am Bahnsteig entlang und ich zählte die Zahlen zusammen und erschrak: 49.449.

49449 Menschen wurden von hier aus in einen sinnlosen Tod geschickt.

Nun nahm ich die Umgebung plötzlich anders wahr. Es nieselte leicht, und als ich unten auf dem Gleis stand, die Augen schloss, glaubte ich, die Schreie und das Klagen der Menschen zu hören. Auch das Rufen der SS-Wachen. Die dumpfen Schläge der Holzknüppel auf den Körpern. Es war beängstigend. Als wir nach einer Stunde wieder gingen, drehte ich mich am Fuße der Treppe um und schaute nach oben. Nun wusste ich, warum diese Stufen so ausgetreten waren. Von 98.898 Füßen. Von Füßen, die zu Kindern, Frauen, Männern und Familien gehörten. Sie wurden alle über diese Treppe auf diesen Bahnsteig getrieben und in Waggons gepfercht. Wie Tiere. Alle mussten die Treppe ohne Wiederkehr hoch, auf den Bahnsteig ohne Wiederkehr und in den Zug ohne Wiederkehr. Sie traten nun den Weg in einen sinnlosen Tod an. Und keiner weiß bis heute: **WARUM?**

Dies bedeutet für mich seit dem 29.11.2009 die Zahl: 49.449.

Gedicht[1] (*Eine Konfirmandin*)
Erinnern.
Was war.
Ich bin nicht verantwortlich.
Was war.
Was sein wird?
Ich bin verantwortlich.
Was sein wird.
Was wird sein?
Nicht was war!
Hoffentlich.
Erinnern sich alle.

1 Kursbuch Religion Elementar 9/10, 152.

Lied Meine engen Grenzen (EG West 600,1–4)

Predigt

Gnade sei mit uns und Friede von Gott unserm Vater und dem Herrn Jesus Christus.

Amen.

Liebe Gemeinde,

die Geschichte von Schmuel und Bruno hat so nicht real stattgefunden. »Der Junge im gestreiften Pyjama« ist ein Roman. Diese erfundene Geschichte ist eine Stellvertreter-Geschichte. Sie steht stellvertretend nicht allein für 49.449, sondern für 6 Millionen Menschen und deren Lebensgeschichten, die in den Vernichtungslagern der Nationalsozialisten endeten.

Auch die Geschichte von Brunos Vater ist erfunden. Natürlich. Aber auch seine Geschichte steht für viele Lebensgeschichten.

Eine ist die von Jürgen Stroop, der in der Mühlenstraße in Detmold groß geworden ist. Er war ein kleiner Beamter im Katasteramt und ist auf der Karriereleiter der Nationalsozialisten stetig empor geklettert. Schließlich war er Kommandant für die Niederschlagung des Aufstandes im Warschauer Ghetto und verantwortlich für den Abtransport der Juden aus Warschau. Im Gegensatz zu Brunos Vater hat ihm das, was er getan hat, nie leidgetan. Er hat es bis zu seiner Hinrichtung in Polen nicht bereut.

Auch in Detmold brannte am 9. November 1938 die Synagoge in der Lortzingstraße. Die Nationalsozialisten zeigten ihr wahres Gesicht. Viele Deutsche hatten auf ein Wiedererstarken Deutschlands gehofft. Adolf Hitler wurde als Führer gefeiert. Viele Christen sahen in ihm ein Geschenk der Vorsehung. Erst allmählich begann ein entsetzliches Erwachen. Unzählige verloren in einem Wahnsinnskrieg ihr Leben, viele ihre Heimat.

Schmuel und seine Familie hat es nicht gegeben. Aber das Leid und den Tod, das sie erleiden mussten, das hat es gegeben. Das darf nicht verschwiegen und vergessen werden. Darum wird am 27. Januar, dem Tag der Befreiung von Auschwitz, an den Holocaust erinnert.

Auch in Detmold.

Ist das richtig?

Sollte man nicht eher schweigen? Weil das, was geschehen konnte, so grausam und nicht in Worte zu fassen ist? Oder, weil viele es einfach nicht mehr hören wollen? »Damit muss doch endlich mal Schluss sein«, sagen sie.

Damit stehlen wir uns aus der Verantwortung. Denn aus dem Schweigen wird zu schnell ein Verschweigen.

Viele sagen: »Was für eine Verantwortung trage ich an dem, was vor über 65, 70 Jahren geschehen ist?«

Wir tragen die Verantwortung des Gedenkens.

Gedenken heißt, die Augen nicht zu verschließen vor dem, was war.

Gedenken heißt, Verantwortung zu übernehmen für das, was jetzt ist. Farbe zu bekennen, so wie wir es hier in Berlebeck immer wieder versuchen.

Gedenken heißt widersprechen, wenn der Holocaust geleugnet wird.

Gedenken heißt, aufmerksam zu sein für das, was um uns herum geschieht, und nicht den Rattenfängern unserer Tage Gehör zu schenken oder ihnen gar hinterherzulaufen.

Welche Möglichkeiten haben wir als Christen? Was können wir tun?

Ein anderes Buch ist um die Welt gegangen: Anne Franks Tagebuch. Anne Frank hatte sich keine Geschichte ausgedacht. Das jüdische Mädchen schrieb in sein Tagebuch, was es selbst erlebte. Sie war 13 Jahre alt, als sie am 14. Juni 1942 festzuhalten begann, wie es ihr und ihrer Familie im Versteck in einem Amsterdamer Hinterhaus erging. Die Familie Frank war 1934 aus Angst vor Verfolgung durch die Nationalsozialisten nach Amsterdam übergesiedelt. 1942 musste sie untertauchen. Über zwei Jahre schrieb Anne ihre Gedanken auf. Der letzte Eintrag stammt vom 1. August 1944. Drei Tage später waren sie in ihrem Versteck entdeckt worden und abtransportiert worden. Bis heute weiß man nicht, wer sie verraten hat. Anne starb im März 1945 im Konzentrationslager Bergen-Belsen. Als Einziger aus der Familie überlebte ihr Vater.

An einer Stelle schreibt sie in ihrem Tagebuch: »Wenn man an seine Nächsten denkt, müsste man weinen. Eigentlich müsste man den ganzen Tag weinen. So bleibt nur das Gebet und die Bitte zu Gott, dass er ein Wunder geschehen lasse und einige von ihnen am Leben erhalte! Und ich bete aus tiefstem Herzen.«

»So bleibt nur das Gebet und ich bete aus tiefstem Herzen«, schreibt Anne Frank.

Nur das Gebet?

Ja, das Gebet! Im Gebet können wir vor Gott das Unfassbare in Worte fassen.

So wie wir eingangs im Psalm gebetet haben: »Vernimm, Herr, mein Gebet und merke auf die Stimme meines Flehens! In der Not rufe ich dich an; du wolltest mich erhören! Weise mir, Herr, deinen Weg, dass ich wandle in deiner Wahrheit; erhalte mein Herz bei dem einen, dass ich deinen Namen fürchte.« Und in einem anderen Psalm heißt es: »Erforsche mich, Gott, und erkenne mein Herz; prüfe mich und erkenne, wie ich's meine. Und sieh, ob ich auf bösem Wege bin, und leite mich auf ewigem Wege.«

Im Gebet dürfen wir Gott unsere Hilflosigkeit und unsere Scham nennen für das, was geschehen konnte.

Im Gebet dürfen wir Gott um Jesu Christi willen um Vergebung bitten.

Im Gebet dürfen wir Gott um Klarheit, um Weisung und Rat für die Entscheidungen, die wir in unserem Leben zu treffen haben, in den Ohren liegen.

Aus dem Gebet heraus müssen wir handeln. Denn beides gehört zusammen: das Gebet und der Einsatz dafür, dass das, was war, sich niemals wiederholen kann. Auch in meiner nächsten Nähe nicht.

Darum: nicht weghören, nicht wegsehen, wenn über Fremde gelästert wird, jemand bedroht wird oder in der Klasse einer zum Mobbingopfer wird.

Hilfe holen, wenn man selbst nicht helfen kann oder sich auch nicht traut.

Und widersprechen, wenn der Holocaust verharmlost oder gar geleugnet wird.

Dazu soll auch die Ausstellung dienen, die nach dem Gottesdienst im Foyer eröffnet wird.

»Weise mir, Herr, deinen Weg, dass ich wandle in deiner Wahrheit; erhalte mein Herz bei dem einen, dass ich deinen Namen fürchte. Erforsche mich Gott, und erkenne mein Herz; prüfe mich und erkenne, wie ich's meine. Und sieh, ob ich auf bösem Wege bin und leite mich auf ewigem Wege.«

Amen.

Lied Herr, gib uns Mut zum Hören (EG West 605,1–5)

Fürbitten (*Drei Konfirmand(inn)en*)

Herr, unser Gott, lieber Vater im Himmel, mit deinem auserwählten Volk bekennen wir, dass du der Schöpfer des Himmels und der Erde bist. Unter deinem Segen leben wir im Alltag der Welt. Wir sind deine Kinder und darum Brüder und Schwestern. Hilf uns, dass wir geschwisterlich in der Hoffnung auf dein Heil handeln.

Lass uns offene und verborgene Judenfeindschaft erkennen, aufmerksam sein für das, was wir Christen der Judenheit zugefügt haben und immer noch zufügen. Mache uns stark, dass wir dem Vergessen und Verdrängen der Vergangenheit widerstehen.

Dein Sohn, unser Herr Jesus Christus, wurde von einer jüdischen Mutter geboren. Er war voll Freude über den Glauben einer syrischen Frau und eines römischen Soldaten, er hat die Griechen, die ihn suchten, freundlich aufgenommen und ließ es zu, dass ein Afrikaner sein Kreuz trug.

Hilf uns, mit Menschen aller Rassen und Völker Erben deines Reiches zu werden.

Vaterunser

Vater unser im Himmel.
Geheiligt werde dein Name.
Dein Reich komme.
Dein Wille geschehe,
wie im Himmel, so auf Erden.
Unser tägliches Brot gib uns heute.
Und vergib uns unsere Schuld,
wie auch wir vergeben unsern Schuldigern.
Und führe uns nicht in Versuchung,
sondern erlöse uns von dem Bösen.
Denn dein ist das Reich
und die Kraft
und die Herrlichkeit in Ewigkeit.
Amen.

Lied Erleuchte und bewege uns (EG West 608; *mehrmals gesungen*)

Segen

Musik

Folkert Fendler

Laudatio[1]

Gottesdienstqualität – dieses Wort, meine Damen und Herren, muss man sich einmal auf der Zunge zergehen lassen: Gottesdienst-Qualität – es schmeckt ungewöhnlich, aber interessant. Es ist am Anfang etwas scharf, um nicht zu sagen: pikant. Aber dann stellt sich bald ein sehr vertrauter Geschmack ein: vollmundig, rund, in seinen vielfältigen Nuancen gar nicht im Einzelnen zu erfassen. Im Abgang dann sehr gefällig.

Vor anderen Auditorien, liebe Damen und Herren, würde ich jetzt fortfahren und den Gottesdienst- und Qualitätsbegriff im Einzelnen entfalten, ihre Möglichkeiten und ihr Potential gerade im Zusammenspiel beschwärmen. Dass ich das heute Abend lassen kann, dass ich niemanden überzeugen muss, sondern zu Menschen sprechen kann, die all das schlicht voraussetzen, finde ich auch einmal sehr schön. Gottesdienstqualität ist für Sie, die Sie einen Gottesdienstpreis ausgeschrieben haben, die Sie Gottesdienste angeschaut und bewertet haben, die Sie sich beworben haben und die Sie zu dieser Preisverleihung erschienen sind – Gottesdienstqualität ist für Sie alle offensichtlich eine vertraute, eine selbstverständliche Kategorie.

Eine Stiftung zur Förderung des Gottesdienstes will unsere Gottesdienste ins Gespräch bringen, will anspornen, sich bei der Gestaltung besondere Mühe zu geben, will sichtbar machen, welch gelungene Beispiele es allenthalben schon gibt, will zur Nachahmung anregen, will belohnen und Gottesdienste, die besonders berührt haben, über das regionale Umfeld hinaus bekannt machen. Eine Stiftung zur Förderung des Gottesdienstes regt nebenbei an, sich über Kriterien der Beurteilung und damit der Wahrnehmung von Gottesdiensten zu beschäftigen. Kurz: Eine Stiftung zur Förderung des Gottesdienstes als Instrument der Qualitätsentwicklung des Gottesdienstes müsste erfunden werden, wenn es sie mit der Karl-Bernhard-Ritter-Stiftung nun nicht schon gäbe.

In diesem Jahr, gewissermaßen der zweiten Staffel der Stiftung, wurde der Preis für einen Konfirmandengottesdienst ausgelobt. Anlass war die Veröffentlichung der Ergebnisse einer bundesweiten Studie zum Konfirmandenunterricht. Zum Thema Gottesdienst fand sie heraus, dass Konfirmanden ein besseres Bild von ihm haben, bevor sie den Unterricht besuchen, als später, wenn sie wirklich aufgrund eigener Erfahrungen urteilen können. Hierzu könnte man einiges sagen: Die positive

[1] Während der Landessynode der Ev. Kirche von Kurhessen und Waldeck am 22. November 2010 in Hofgeismar.

Beurteilung der Gottesdienste durch Konfirmanden geht genau besehen in der Zeit des Unterrichts nur geringfügig zurück und liegt vorher und nachher bei immerhin rund 50 Prozent. Aber wie auch immer: Für die Stiftung war die Studie Anlass genug, sich Konfirmandengottesdienste einmal genauer anzusehen.

30 Einsendungen gab es. Darunter fanden sich viele ansprechende Gottesdienste, die es lohnte, ebenfalls zu würdigen. Ein Sonderpreis wurde sogar vergeben, und die Entscheidung zu fällen, fiel der Jury gar nicht so leicht. Aber nun möchte ich gewiss nicht zu sehr betonen, das andere Gemeinden und Konfirmandengruppen auch schöne Gottesdienste zu feiern wissen, liebe Verantwortliche und – nunmehr – Konfirmierte der Kirchengemeinde Detmold-Berlebeck. Denn Euer Gottesdienst hat den Preis schließlich errungen. Und das ohne »Wenn und Aber«. Er hat nicht nur euch berührt und die vielen, die ihn am 24. Januar dieses Jahres live miterleben konnten, ergriffen und nachdenklich gemacht und in einem sehr tiefen Sinne des Wortes: begeistert. Sondern eben auch die Juroren überzeugt, die doch nur nach Aktenlage entscheiden konnten, und nach dem, was sie vielleicht noch an Reaktionen gelesen oder gehört hatten. Was sie nur ahnen konnten aus dem eingereichten schriftlichen Ablauf, worin sie sich nur mit ihrer eigenen Phantasie hineinversetzen konnten, war die Atmosphäre des Gottesdienstes. Aber ich kann mir denken, dass ihnen das gar nicht schwer gefallen ist, wenn es ihnen so ergangen ist wie mir.

Denn kaum hatte ich angefangen, Euren Gottesdienst zu lesen, war ich hineingenommen in sein Thema und gefangen von der spannenden und anrührenden Geschichte, die sich da entwickelte. Wir haben sie heute sogar live erlebt. Die Geschichte von Bruno und Schmuel, der beiden Jungen diesseits und jenseits des Zaunes, der zwei Welten trennt, ja, der die Grenzlinie zwischen Leben und Tod markiert, zwischen Schuld und Unschuld. Aber die beiden passen nicht ins Schema. In kindlicher Unvoreingenommenheit, unbelastet von ideologischem oder rassistischem Vorurteil begegnen sie einander, befreunden sich, erleben ihre eigene ganz persönliche Enttäuschungs- und Versöhnungsgeschichte und werden zum Bild der Tragik, Irrationalität und Sinnlosigkeit der tödlichen Judenverfolgung.

Ich kannte die Geschichte. Ich hatte das zugrunde liegende Buch von John Boyne »Der Junge im gestreiften Pyjama« schon vor einiger Zeit gelesen. Umso überraschter war ich, zu sehen, wie es möglich gewesen ist, dies Buch, das im Original immerhin 266 Seiten umfasst, so prägnant in Dialogform zusammenzufassen, dass die wesentliche Handlung erfasst und auf fesselnde Weise wiedergegeben ist. Die zehnte Klasse einer Realschule, die Sie, liebe Frau Pastorin Opitz-Hollburg, unterrichtet haben, hat diese Dialoge erarbeitet.

Die Sprache der Spielszene ist bemerkenswert, aber auch die anderen Teile des Gottesdienstes: die freie Sprache, etwa in Begrüßung und Predigt, oder die Gebetssprache. Einfach und klar verständlich kommt sie daher, natürliche Sprache in guter Balance zwischen traditionellen Formulierungen und Bezogenheit auf die aktuelle Situation. Vor allem: an keiner Stelle sich anbiedernd an die Jugendlichen oder ihre Sprache nachahmend. Jugendliche selbst sind es ja, die als erste bemerken würden, wenn jemand ihre Wortwahl, ihren Tonfall imitiert, obwohl er ihn selbst nicht spricht.

Der Gottesdienst folgt in seiner Grundstruktur der üblichen Gottesdienstform, der sog. Grundform II, die er zugleich in Freiheit variiert und besonders im Eingangsteil erweitert: vor allem durch die in drei Teile untergliederte Spielszene, durch Lieder und freie Musik, den Text des Konfirmandenvaters und Gedichte. All das steht an der Stelle, an der man die biblische Lesung erwartet hätte. Folgerichtig bildet die Geschichte von Bruno und Schmuel zusammen mit dem Eingangspsalm den Predigttext, und beide entfalten so das Thema des Gottesdienstes »Erinnern und Gedenken«.

»Erinnern und Gedenken«, so habt Ihr Euren Gottesdienst schlicht und einfach genannt. Ich weiß nicht, ob ich allein wegen dieser Themenformulierung gekommen wäre. Und ich weiß auch nicht, ob viele Jugendliche deswegen gekommen wären. Viele sagen ja heute: Was geht uns die Zeit des Nationalsozialismus an? Das ist schon so lange her! Könnt Ihr uns damit nicht einmal in Ruhe lassen? So eine Haltung ist weit verbreitet. Aber Euer Gottesdienst entstand in einer konkreten Situation. Seit einiger Zeit gibt es eine aktive Auseinandersetzung mit dem Thema des Rechtsextremismus in Eurer Stadt. Jährlich gibt es eine städtische Gedenkveranstaltung zum 27. Januar, dem internationalen Holocaust-Gedenktag. Der Gottesdienst war Teil der diesjährigen Gedenkveranstaltungen in Detmold. Er war Teil des öffentlichen Lebens, vielfach wahrgenommen, vielfach besucht. Letztlich Teil einer Kooperation von Detmolder Schulen, Lehrerinnen und Lehrern, Eltern, der Stadt, der ortsansässigen Vereine und der Kirchengemeinde. Ja, so träumen wir manchmal den Gottesdienst: nah dran am Geschehen vor Ort, auch gesellschaftlich relevant, milieu- und generationsübergreifend besucht, nicht zuletzt: entstanden und gestaltet nicht durch einen Alleinunterhalter oder eine Alleinunterhalterin namens Pastor/Pastorin, sondern unter Beteiligung vieler.

Vielfältig sind die Elemente des Gottesdienstes, die noch zu würdigen wären. Ich erwähne in Kürze die Lieder: durch Orgel und Klavier begleitet, sorgfältig thematisch abgestimmt und platziert, allesamt aus dem Gesangbuch stammend, großteils aus dem Regionalanhang. Und die Predigt: Sie nimmt alle vorausgehenden Elemente auf und bündelt sie. Sie sagt zugleich seelsorgerlich Gottes Beistand zu und mahnt aufrüttelnd zum Einsatz für den Nächsten.

Trotz aller Vielfalt seiner Elemente hat der Gottesdienst sein stringentes Thema und zerfällt nicht in seine Einzelteile. Und er bleibt Gottesdienst. Will sagen: Trotz Vortrag von Gedichten wird er nicht zur Lesung, trotz Anspiels nicht zur Theaterveranstaltung, trotz freier Musikstücke nicht zum Konzert, trotz Mahnung zum Gedenken nicht zur Rede am Volkstrauertag. Sondern er nimmt all das mit hinein in die Gesamtkomposition, die eben nicht im Innerweltlichen und Zwischenmenschlichen stehen bleibt. Gottesdienst als Begegnungsgeschehen zwischen Gott und Mensch, Ort der Anrede des Menschen durch Gott, Ort der Anrede Gottes durch den Menschen, Ort des Lobes und der Klage, Ort des Gebetes, Ort des Berührtwerdens durch Worte, die wir uns nicht selber sagen können, und durch eine Kraft, über die wir nicht verfügen.

Schließlich hat der Gottesdienst eine Wirkung gehabt, von den zahlreichen spontanen Gesprächen, die sich direkt im Anschluss ergaben, über spätere Reaktionen bis hin zu diesem Gottesdienstpreis. Dürfen Gottesdienste Wirkung haben? Darf man auch noch *wollen*, dass Gottesdienste Wirkung haben? Müssten sie nicht vielmehr absichtsloses, zweckfreies Geschehen bleiben? Der preisgekrönte Gottesdienst aus Berlebeck zeigt: Ein guter Gottesdienst ist einer, bei dem man auch anschließend noch merkt, dass man da gewesen ist. Die Frage der Wirkung und Wirksamkeit von Gottesdiensten wird meines Erachtens in unserer Kirche noch zu klein geschrieben. Wir fragen uns zu wenig, was wir mit den Gottesdiensten, die wir landauf, landab feiern, eigentlich bewirken wollen und was wir tatsächlich bewirken. Und um nicht das Wort »Kundenorientierung« zu bemühen, das im Blick auf den Gottesdienst ein kirchliches Reizwort ist, sage ich: Wir brauchen eine »Wirkungsorientierung«, die gleichwertig neben die Auftragsorientierung tritt. Denn der Auftrag, Christus zu verkündigen, wird kaum erfüllt, wenn wir uns nicht auch Gedanken machen, wie wir das am Besten bewirken können.

Liebe Gemeindevertreter und -vertreterinnen aus Berlebeck, liebe Frau Pastorin Opitz-Hollburg, liebe Konfirmierte, ich gratuliere Ihnen und Euch sehr herzlich zur Zuerkennung des Gottesdienstpreises für den Konfirmandengottesdienst »Erinnern und Gedenken« vom Januar 2010. Ihr habt damit exemplarisch gezeigt, dass Gottesdienstqualität alles andere als einförmig ist, standardisiert, gar von oben diktiert werden kann. Im Gegenteil: Sie entsteht u.a. aus persönlichem Engagement vor Ort, hat vermutlich immer starke regionale Prägung und Bezug und überzeugt durch stilsichere Sprache und Konzeption.

Gottesdienstqualität, liebe Damen und Herren, Sie haben sie gesehen und geschmeckt – ich finde, das verlangt nach mehr!

3. Gottesdienst mit Tauferinnerung

Cornelia Eberle

Der Gottesdienst »Du bist Gottes geliebter Sohn, Gottes geliebte Tochter«

gefeiert am 4. Juli 2010 im Festsaal der Behindertenhilfe Reutlingen mit geistig und körperlich Behinderten

Chorgesang

Begrüßung

Der Chor hat uns zum Gottesdienst begrüßt.
(Zum Chor gewandt): Es ist sehr schön, dass Sie heute bei uns zu Gast sind und mit uns Gottesdienst feiern!
Im Mittelpunkt des Gottesdienstes steht heute die Erinnerung an unsere Taufe und deshalb auch das Lob Gottes.
Wir beginnen den Gottesdienst wie immer mit unserem Eingangsritual:

Eingangsritual

Je eine Person bringt ein Altar-Element (Kerze, Kreuz, Bibel, Blumen) nach vorne, das vorher bei ihr am Platz stand, sagt ihren Satz in die Gemeinde – z. T. von der Pfarrerin erst vorgesprochen – und stellt dann das Element auf dem Altar ab.

1. Person: Ich bringe das Licht. Denn Gott ist unser Licht.

2. Person: Ich bringe das Kreuz. Es erinnert uns an Jesus.

3. Person: Ich bringe die Bibel. Sie erzählt uns von Gott.

4. Person: Ich bringe Blumen. Denn jeder Gottesdienst ist ein Fest.

Pfarrerin: So feiern wir jetzt Gottesdienst im Namen Gottes des Vaters, des Sohnes und des Heiligen Geistes.

Amen.

Gemeindelied All Morgen ist ganz frisch und neu (EG 440,1–4)

Psalmgebet (Psalm 63)
Jahrespsalm für 2010, der bei der Behindertenhilfe Reutlingen ein Jahr lang in jedem Gottesdienst gebetet wird.

Du bist mein Gott, dich suche ich!
Es dürstet meine Seele nach dir.

Das ist meines Herzens Freude und Wonne,
wenn ich dich mit fröhlichem Munde loben kann.

Wenn ich mich zu Bette lege, so denke ich an dich.
Wenn ich wach liege, so sinne ich über dich nach.

Denn du bist mein Helfer.
Unter dem Schatten deiner Flügel kann ich vor Freude singen.

Meine Seele hängt an dir.
Deine rechte Hand hält mich.

Amen.

Gloria Patri (EG 177.1)

Eingangsgebet

Gott, unser Schöpfer,
du hast uns das Leben geschenkt mit allem, was zu uns gehört.
Du willst, dass wir uns daran freuen können.
Deshalb kommen wir zu dir, der Quelle unserer Freude.

Gott, unser Helfer,
du bist für uns da, wenn wir dich brauchen.
Du hörst uns und verstehst uns.
Deshalb kommen wir zu dir, der Quelle unserer Stärke.

Gott, du Liebhaber des Lebens,
von dir lernen wir, was Menschenfreundlichkeit ist:
dass wir uns selbst und einander annehmen, wie wir sind.
Deshalb kommen wir zu dir, der Quelle unserer Güte.

In der Stille beten wir miteinander und füreinander.
Danke, dass du uns hörst. Amen.

Chorgesang

Lesung des Evangeliums (Markus 1,9–11 in Leichter Sprache)
Gelesen von der Bewohnerin einer betreuten Wohngruppe

Jesus kam zu Johannes dem Täufer.
Er ließ sich von ihm im Fluss Jordan taufen.
Als Jesus wieder aus dem Wasser stieg,
öffnete sich der Himmel über ihm.
Der Heilige Geist kam auf ihn herab wie eine Taube.
Und eine Stimme vom Himmel her sprach:
Du bist mein lieber Sohn.
An dir habe ich Wohlgefallen.

Lesung der Epistel (Galater 3,27f. in Leichter Sprache)
Gelesen durch die Pfarrerin

Der Apostel Paulus hat aufgeschrieben, woran sich die Christen damals bei der Taufe erinnert haben. Er schreibt im Brief an die Galater:
In der Taufe haben wir alle Christus angezogen wie ein Kleid.
Jetzt gilt nicht mehr, ob jemand jüdisch ist oder griechisch,
ob jemand versklavt ist oder frei,
ob jemand Mann ist oder Frau.
Und heute: ob jemand mehr oder weniger eingeschränkt
und behindert ist.
Wir sind alle eins in Christus.

Amen, so ist es.

Gemeindelied Auf, Seele, Gott zu loben (EG Wü 602,1–3)

Predigt

Liebe Gemeinde,
Wasser bedeutet Leben.
Das merken wir gerade jetzt, wo es so heiß ist.
Wir müssen die Pflanzen auf dem Balkon oder im Garten gießen.
Sonst vertrocknen sie.
Und wir selbst müssen viel trinken.

Wasser bedeutet Leben.

Als wir im Leib unserer Mutter gewachsen sind,
waren wir von Wasser umgeben,
vom Fruchtwasser.
Da konnten wir gut wachsen und gedeihen.

Wasser bedeutet Leben – auch bei der Taufe.
Es erinnert uns daran: Gott hat uns das Leben geschenkt.
Gott umgibt uns – wie wir vor unserer Geburt vom Fruchtwasser umgeben waren.
Wir können leben, von Gott umgeben.
Gott schenkt uns jeden Tag, was wir zum Leben brauchen.

Frau K. hat uns gelesen, wie das bei der Taufe Jesu war.
Da kam der Heilige Geist wie eine Taube zu Jesus.
Die Taube hat eine besondere Bedeutung:
Sie war zur Zeit Jesu ein Zeichen für die göttliche Liebe.
Die Taube bringt die Liebe Gottes zu den Menschen.
So wie es früher in den Poesiealben Bilder gab von einer Taube, die einen Liebesbrief bringt.

Und damit das alle verstehen, hat Gott nicht nur die Taube geschickt.
Gottes Stimme hat gesagt:
Jesus, du bist mein lieber Sohn.
An dir habe ich Wohlgefallen.

Und so ist es seither bei jeder Taufe.
Wir sehen zwar keine Taube
und hören keine Stimme direkt vom Himmel.
Aber wir spüren das Wasser und hören die Zusage:

Du bist mein lieber Sohn, meine liebe Tochter.

Als wir getauft wurden, da war das genauso.
Gott hat sich darüber gefreut, dass wir auf die Welt gekommen sind.
Bei jedem von uns!
Ganz egal, ob wir dunkle oder helle Haare haben, ob wir klein oder groß sind, ob wir schnell oder langsam sind. Und ganz unabhängig davon, was wir können. Gott hat sich einfach über uns gefreut.
Und das tut Gott noch heute! Gott freut sich an uns!

Amen.

Tauferinnerung

Die Pfarrerin geht zur Wasserschale mit Krug.

Wir feiern jetzt die Erinnerung an unsere eigene Taufe.
Jeder, der mag, bekommt etwas Wasser über die Hand geträufelt und hört noch einmal, was Gott damals bei der Taufe gesagt hat.
Alle, die das möchten, können jetzt nach vorne kommen.
Es wäre schön, wenn sich dabei die Leute vom Chor und die anderen Gottesdienstbesucher mischen.

Aus dem Krug gießt die Pfarrerin von oben Wasser in die Schale, so dass das Wasser als Element hörbar ist.
Jeweils etwa fünf Leute stellen sich um die Wasserschale auf.
Über jede Hand schöpft die Pfarrerin etwas Wasser, schaut die Person an und spricht ihr zu (sprachlich mit kleinen Variationen):

Gott spricht: Du bist mein geliebter Sohn / du bist meine geliebte Tochter
oder:
Du bist Gottes geliebter Sohn/ du bist Gottes geliebte Tochter.
Ich habe Wohlgefallen an dir / ich freue mich an dir.

Am Ende jeder Runde zu allen:
Das gilt an jedem Tag neu! Amen.

Oder auch:
Gott spricht: Fürchte dich nicht, ich habe dich erlöst.
Ich habe dich bei deinem Namen gerufen. Du bist mein.
Amen.

Mit der Schale gehen wir anschließend zu denen, die nicht nach vorne kommen konnten, weil sie z.B. im Rollstuhl sitzen.

Chorgesang

Gebet

Pfarrerin: Gott, Schöpfer des Lebens,
du hast uns das Leben geschenkt, jedem und jeder von uns.
Dafür danken wir dir!
Danke für jeden neuen Tag.

Bewohnerin: Wir sind deine Söhne und Töchter.
Wir gehören zusammen wie in einer Familie.
Danke für alle, die für uns wie eine Schwester oder ein Bruder sind.

Pfarrerin: Gott, in jedem neugeborenen Kind
begegnest du uns auf frischer Spur.
Wir danken dir für alles, was uns Kinder schenken –
durch ihr Dasein, ihre Offenheit, ihr Vertrauen, ihre Freude.

Bewohnerin: Unser Leben ist ein Wunder. Und es ist verletzlich.
Gott, behüte du die Kinder und ihre Eltern.
Behüte uns. Behüte alle unsere Lieben.

Pfarrerin: Gott, behüte unsere Schwestern und Brüder in der ganzen Welt.
Ach, lass die Zeit kommen, in der wir alle in Frieden leben können.

Vaterunser
Vater unser im Himmel.
Geheiligt werde dein Name.
Dein Reich komme.
Dein Wille geschehe,
wie im Himmel, so auf Erden.
Unser tägliches Brot gib uns heute.
Und vergib uns unsere Schuld,
wie auch wir vergeben unsern Schuldigern.
Und führe uns nicht in Versuchung,
sondern erlöse uns von dem Bösen.
Denn dein ist das Reich
und die Kraft
und die Herrlichkeit in Ewigkeit.
Amen.

Ansagen mit Dank an den Chor

Gemeindelied Ich singe dir mit Herz und Mund (EG 324,1–2)

Segen

Chorgesang

Heidrun Dörken

Laudatio[1]

Mit großer Freude verleihen wir den Gottesdienstpreis 2011 an die Bruderhaus-Diakonie Reutlingen für den Gottesdienst mit Tauferinnerung, den die Gemeinde dort mit Ihnen, liebe Pfarrerin Eberle, im Juli des letzten Jahres gefeiert hat. Wir sind dankbar, das bei Ihnen auf Ihrer Synode zu tun, denn Sie befassen sich gerade intensiv mit dem Gottesdienst. Sie, sehr geehrter Herr Landesbischof Dr. July, haben gestern den Schwerpunkt in Ihrem Bericht darauf gelegt. Und Sie werden an diesem Sonntag in Ulm Ihr Jahr des Gottesdienstes 2012 beginnen. Trotzdem fragen sich vielleicht manche: Geht das überhaupt, einen Gottesdienst prämieren? Manche sagen: Einen Gottesdienst kann man nicht bewerten und deshalb auch nicht auszeichnen.

Einerseits haben sie Recht. Was wir im Gottesdienst so gern erfahren möchten, ist nicht messbar und bleibt ein unfassbares Geheimnis: Wir wollen dem lebendigen Gott begegnen. Wir hoffen darauf, weil wir es brauchen, unser Vertrauen zum Leben, zur Welt und zu den Menschen gestärkt zu bekommen. Nur so können wir wieder aufbrechen. Wir hoffen, dadurch mit dem leben zu können, was schwer ist. Und unsere Freude soll wach werden an dem, was schön ist und gut. Und zum Guten wollen wir selbst beitragen. Auch wenn uns das nicht immer bewusst ist: Wer in den Gottesdienst geht, verlangt danach, Gott zu begegnen. Die meisten von uns wären nicht hier und würden sich für's Evangelium und die Kirche engagieren, wenn sie das nicht schon im Gottesdienst erlebt hätten. Gleichzeitig merken wir, dass viele der Zeitgenossen ihr Sehnen nach Vertrauen und neuen Aufbrüchen nur spärlich in die Gottesdienste treibt.

Es gibt andererseits das erfassbare, messbare Geschehen im Gottesdienst, um das Sie sich kümmern und eben auch die Stiftung zur Förderung des Gottesdienstes mit dem Gottesdienstpreis. Wir können über den Gottesdienst nachdenken, auf unsere Gefühle dabei hören, wir können lernen und uns verbessern. Wie ein Gottesdienst wirkt, darüber kann man eine Menge erfahren. Und: Ja, es gibt weniger gute und gute Gottesdienstqualität. Was hilft zur guten Qualität? Beispiele – wie das der Preisträger.

Aber auch eine Kultur der Rückmeldungen: Es muss uns selbstverständlich werden, mehr darüber zu erfahren, wie Gottesdienste wirken

1 Während der Synode der Evangelischen Landeskirche in Württemberg am 22. November 2011.

und wen sie ansprechen. Es lohnt sich, wenn das nicht nur in der Ausbildung passiert, sondern in geschützten Situationen regelmäßig für alle, die Gottesdienst halten und feiern. Sie wollen im Jahr mit dem Gottesdienst die kollegiale Hospitation besonders fördern. Bravo! Ich habe sie immer hilfreich erlebt, selbst wenn es Kritisches zu verdauen gab. Und ich habe noch nie jemanden kennengelernt, der dadurch nicht weitergekommen ist.

Da ich für die Verkündigung in Rundfunk und Fernsehen arbeite, weiß ich, wie wichtig es ist, dass jede Andacht oder Predigt mindestens ein Gegenüber hat, bevor sie über den Sender geht. Zum Auftrag, Christus zu verkündigen, gehört es, dass wir uns Gedanken machen, wie wir das am besten tun.

Damit die Besucher oder Hörer sagen: Du hast mich angesprochen. Du hast mich angerührt. Wobei sich an diesen Worten zeigt, dass wir dann schon Christus angezogen haben, in Christus sind. Denn das Du oder Sie nach dem Gottesdienst, wenn man sagt »Du hast mich angesprochen, Sie haben mich angesprochen«, das gilt der Predigerin, dem Prediger und gleichzeitig Vater, Sohn und Heiligem Geist.

Beim Gottesdienst aus Reutlingen ging es der Jury so: Wir waren angerührt vom Evangelium. Wir haben gesagt: Da wäre ich selbst gern dabei gewesen. Das soll mir auch gesagt sein.

Lassen Sie uns einige Momente nacherleben. Gehen Sie mit mir in den schönen, hellen Gottesdienstraum, einen Festsaal in der Bruderhaus-Diakonie in Reutlingen. Stühle und Rollstühle stehen so, dass sie einen Halbkreis vor dem Altar bilden. Auf der einen Seite dieses Halbkreises sitzt der Chor. Männer und Frauen aus der Nachbargemeinde, die Pfarrerin Eberle eingeladen hat und die mit Gesang beginnen. Auf der anderen Seite des Halbkreises die anderen, die am Gottesdienst teilnehmen. Sie können den Sängerinnen und Sängern beim Singen zuschauen. Gemeindemitglieder bringen Kerzen, Kreuz, Bibel und Blumen zum Altar, mit wenigen Worten wie: Ich bringe das Licht. Gott ist unser Licht. Ich bringe das Kreuz. Es erinnert uns an Jesus. Im freien Raum in ihrer Mitte steht ein schöner Holzständer, mit einer weißen Decke, darauf eine blaue Glasschale und ein Glaskrug mit Wasser.

Die kurze Predigt entfaltet die Botschaft, was Jesus bei seiner Taufe am Jordan aus dem Himmel hörte: Du bist Gottes geliebter Sohn. Im Mittelpunkt des Gottesdienstes steht ein Ritual, das jede und jeden an die Taufe erinnert. Nun erfahren das die Besucher selbst, was Gott auch ihnen bei der Taufe zugesagt hat. Du bist Gottes geliebte Tochter, Du bist Gottes geliebter Sohn – ich habe an Dir Wohlgefallen. Während die Pfarrerin das jedem Einzelnen sagt, schöpft sie Wasser über die Hände. Cornelia Eberle beschreibt das später so: Ein Mann mit geistiger Behinderung schaut aufmerksam auf die Schale mit Wasser, die vor ihm steht. Er taucht seine Hände hinein, bewegt sie vorsichtig, spürt das Wasser.

Er hört: »Du bist Gottes geliebter Sohn. Gott freut sich an dir!« Er schaut auf und strahlt. Der Mann, der neben ihm steht, ist nicht behindert. Er gehört zum Chor. Bewegt hat er beobachtet und zugehört. Jetzt streckt er selbst seine Hand aus und bekommt Wasser darüber gegossen als symbolische Erinnerung an seine Taufe. Dazu dieselben Worte. Wer nicht nach vorn kommen kann, bekommt die Schale an seinen Platz getragen. Noch Wochen später werden die Teilnehmer davon erzählen. Die Chorleute werden wiederkommen. Sie haben nicht nur gegeben, sondern auch empfangen.

Verlassen Sie mit mir nun den Bruderhaus-Festsaal, um drei Aspekte dieses Gottesdienstes zu würdigen.

Erstens die Tauferinnerung selbst. Zweitens den Ort, an dem der Gottesdienst stattfand. Und schließlich die Sprache, mit der verkündigt wurde.

Zuerst die Taufe. Die Evangelische Kirche in Deutschland hat dieses Jahr als Jahr der Taufe ausgerufen. Die Landeskirchen setzen unterschiedliche Akzente. Ich habe gelesen: Sie in Württemberg machen schon länger einen Tauf-Konsultationsprozess. Wörtlich sagen Sie: »Sein Ziel soll sein, dass die Taufe nicht nur als einmaliges Familienfest wahrgenommen wird. Es soll eine spannende Aufgabe sein, Menschen einzuladen, sich täglich neu auf die Taufe zu besinnen. Sie sollen spüren: Gott selbst hat sich mit dir verbunden, dich zu seinem Kind gemacht, er will dir in allen Situationen deines Lebens ein zugewandter und liebender Vater sein.«[2] So weit Ihre Ziele. Ich gratuliere Ihnen, wie gut das dieser Gemeinde Ihrer Landeskirche mit ihrer Pfarrerin gelungen ist. Stellen Sie diesen Gottesdienst auf Ihre Homepages, damit viele sich davon anregen lassen oder sich in ihrer guten Praxis bestätigt sehen.

Die Jury ist der Meinung: Dieser Gottesdienst macht wahr, was im Galaterbrief im 3. Kapitel steht: Ihr alle, die ihr getauft seid, habt Christus angezogen! Jetzt gilt nicht mehr, ob jemand jüdisch oder griechisch, versklavt oder frei ist, ob jemand Mann ist oder Frau und heute: ob jemand mehr oder weniger eingeschränkt ist oder behindert. Wir sind alle eins in Christus.

Dieses Miteinander war in Reutlingen im wahrsten Sinn des Wortes mit Händen zu greifen. Schließlich ist die Taufe ein Sakrament, also kein gedankliches Konzept allein. Gottes Stimme gilt mir, das frische Wasser lässt mich das am eigenen Leib spüren. Solchen persönlichen Zuspruch und Segen sollten wir nicht anderen religiösen Gruppierungen überlassen. Wenn sie so behutsam und nicht aufdringlich sind, werden sie Resonanz finden.

Der Galaterbrief ist auch der Brief, der vor Gesetzlichkeit warnt. Pfarrerin Eberle versteht Tauferinnerung so: Wir schulden den Men-

2 Homepage der Evangelischen Landeskirche in Württemberg.

schen nicht in erster Linie Belehrungen. Denn in der Taufe verändern wir uns nicht selbst. Wir werden in einen anderen Zusammenhang gestellt, in den des Vaters, des Sohnes und des Heiligen Geistes. Das hat dann auch Auswirkungen, wie wir uns fühlen, wie wir leben, wie wir handeln. Doch zuerst verkündigen und feiern wir das Evangelium!

Als zweites komme ich zum Ort, zur Bruderhaus-Diakonie in Reutlingen. Sie ist mir durch die Biographie über Gustav Werner ans Herz gewachsen. Geschrieben von dem von mir sehr geschätzten Betriebsseelsorger Pfarrer Hartmut Zweigle aus Sindelfingen.[3]

Jedenfalls steht die Bruderhausdiakonie für die Teilhabe von Menschen an der Gesellschaft und für würdige Arbeit. Dieser Gottesdienst lebte das Motto: Teil haben. Teil sein. Menschen mit Behinderung zeigen, dass Gott jeden Menschen ins Leben gerufen hat, und dass niemand sich sein Lebensrecht erst verdienen muss – eine aktuelle und auch politische Botschaft.

Dieser Gottesdienst erinnert daran: Es ist Kennzeichen der christliche Gemeinde, dass unterschiedliche Menschen zusammenkommen. Wir sollten wachsam werden, falls wir in unseren Gottesdiensten nur mit unseresgleichen zusammentreffen. Die Gemeinschaft der Verschiedenen ist von unserem Herrn gewollt, das zeigt schon die Pfingstgeschichte. Auch wenn das manchmal nicht einfach ist.

Deshalb ist es jede Anstrengung wert, unsere Gottesdienste so zu gestalten, dass mehr Zeitgenossen und mehr Milieus Zugang finden zum Gottesdienst.

Zum Schluss zum dritten Element, das diesen Gottesdienst preiswürdig macht. Es ist seine Sprache. Die Jury meint: »Mancher Familiengottesdienst kann von dieser Sprache viel lernen. Sie ist schön, kurz und voller Bedeutung.«

Sie ist elementar, aber nicht simpel. Eine Überfülle an Worten macht nicht glücklich. Das hat ganz viel mit Handwerk zu tun. Man kann es lernen. Sei es durch Studium der so genannten Leichten Sprache, die Pfarrerin Eberle in diesem Gottesdienst genutzt hat. Sei es durch die Regeln für mündliche Sprache, die man unter anderem beim Hörfunk lernen kann. Wo wir manchmal nur 1 Minute, 30 Sekunden verkündigen. Zu viel Fremdworte, Abstrakta und Substantivierungen machen Zuhören unnötig schwer. Schließlich hat Jesus in der Bergpredigt nicht gesagt:

»Warum macht ihr euch Gedanken wegen Eurer Lebensbedürfnisse? … Wenn die Vorsehung Gottes die pflanzlichen Organismen so verschönert, die doch nur kurze Zeit bestehen und bald zu gewöhnlichen Zwe-

3 Hartmut Zweigle: Herrschen mög' in unserm Kreise Liebe und Gerechtigkeit. Gustav Werner – Leben und Werk, Calw 2009.

cken verbraucht werden, um wie viel eher wird er nicht euch zu einer Bekleidung verhelfen?«

Sondern Jesus sagt: »Warum sorgt ihr euch um die Kleidung? … Wenn nun Gott das Gras auf dem Feld so kleidet, das doch heute steht und morgen in den Ofen geworfen wird: Sollte er das nicht viel mehr für euch tun?«

Die Sprache des Reutlinger Gottesdienstes ist gutes Handwerk in der Nachfolge Jesu, aber noch mehr. Sie kommt aus einer inneren Haltung. Nämlich Gott zu erwarten. Und das mit *einem* Gedanken zur rechten Zeit. Nicht in zehn. Es ist genug, dass jeder Gottesdienst eine Botschaft habe.

Liebe Pfarrerin Eberle, liebe Bruderhaus-Gemeinde – Sie haben unsere Sehnsucht Ernst genommen, dem lebendigen Gott im Gottesdienst zu begegnen. Sie haben uns erfahren lassen, dass Gott seine Zusage hält, im Gottesdienst zu uns zu kommen. Deshalb ist die Arbeit daran nicht vergeblich – und deshalb sind Sie unsere Preisträger 2011.

4. Gottesdienst für und mit Menschen mit Demenz

Antje Stoffregen

Der Gottesdienst »Vergiss mein nicht«

für Menschen mit Demenz, Angehörige, Betreuende und die ganze Gemeinde in St. Nicolai, Lüneburg[1]

Persönliche Begrüßung
Die Gottesdienstteilnehmer(innen) werden am Eingang der Kirche mit Handreichung und freundlichen Worten begrüßt.

Musik zum Eingang
Der Posaunenchor sitzt gut sichtbar im Altarraum.

Begrüßung

Herzlich willkommen in diesem Gottesdienst!
Ich freue mich, dass wir heute hier in St. Nicolai gemeinsam Gottesdienst feiern.

Als Gemeinde Gottes gehören wir zusammen:
Kinder, Jugendliche und Erwachsene,
Menschen mit Demenz,
Angehörige, Betreuende – die ganze Gemeinde.

Es ist Sonntag, ein Tag zum Innehalten.
Was trägt uns im Leben?
Was gibt uns Kraft und Zuversicht?
Gott lädt uns ein, uns in diesem Gottesdienst stärken zu lassen
für unseren Alltag, für unser Leben.

Jesus spricht: »Ich bin bei euch alle Tage!«
Im Vertrauen auf diese Zusage feiern wir diesen Gottesdienst
im Namen des Vaters, des Sohnes
und des Heiligen Geistes.

Amen.

1 Der Gottesdienst ist zusammen mit konzeptionellen Überlegungen veröffentlicht in: *Stephan Goldschmidt* (Hg.), Gottesdienste mit und für Menschen mit Demenz, DAW 157, Göttingen 2014, 17–39.

Lied Lobet den Herren (EG 304,1–3+5)
Posaunenchor und Orgel im Wechsel

Gloria patri (EG 177.1)

Kyrie (EG 178.2)

Gloria in excelsis (EG 180.1)

Gebet (nach Psalm 139)

Gott, du kennst uns durch und durch.
Wo wir auch sind – du bist uns nahe.
Was wir auch denken oder sagen – dir ist es vertraut.
Wir können dich nicht sehen, und doch bist du um uns.
Von allen Seiten umgibst du uns und hältst deine Hand über uns.
Verstehen und erklären können wir das nicht,
begreifen und erfassen können wir dich nicht.
Aber auf dich hören in deinem Wort,
mit dir reden im Gebet,
dich loben mit unserem Singen –
das können und wollen wir tun.
Segne uns mit deiner Gegenwart durch Jesus Christus
in der Kraft des Heiligen Geistes.

Amen.

Lesung: Jesaja 49,13–16a (in Leichter Sprache)

»Freut euch, Himmel und Erde; jubelt, ihr Berge!«
Denn der Herr hilft seinem Volk, er hat Erbarmen mit den Unterdrückten.
Die Zionsstadt klagt: »Der Herr hat mich verlassen,
mein Gott hat mich vergessen!«
Doch der Herr sagt: »Bringt eine Mutter es fertig, ihren Säugling zu vergessen? Hat sie nicht Mitleid mit dem Kind, das sie in ihrem Leib getragen hat? Und selbst wenn sie es vergessen könnte – ich vergesse euch nicht. Jerusalem, ich habe dich unauslöschlich in meine Hände eingezeichnet.«

Halleluja (EG 181.1)

Glaubensbekenntnis

Ich glaube an Gott,
den Vater, den Allmächtigen,
den Schöpfer des Himmels und der Erde.

Und an Jesus Christus,
seinen eingeborenen Sohn, unsern Herrn,
empfangen durch den Heiligen Geist,
geboren von der Jungfrau Maria,
gelitten unter Pontius Pilatus,
gekreuzigt, gestorben und begraben,
hinabgestiegen in das Reich des Todes,
am dritten Tage auferstanden von den Toten,
aufgefahren in den Himmel;
er sitzt zur Rechten Gottes,
des allmächtigen Vaters;
von dort wird er kommen,
zu richten die Lebenden und die Toten.

Ich glaube an den Heiligen Geist,
die heilige christliche Kirche,
Gemeinschaft der Heiligen,
Vergebung der Sünden,
Auferstehung der Toten
und das ewige Leben.
Amen.

Lied Lob Gott getrost mit Singen (243,1–3+6)
Posaunenchor und Orgel im Wechsel

Predigt in vier Teilen

1. Teil
(*mit Ansteckmikrofon direkt in der Gemeinde, vor und zwischen den ersten Bankreihen, frei gesprochen im »kommunikativen Stil« mit der Gemeinde*)

Liebe Gemeinde!

Wir alle haben heute Morgen etwas mitgebracht.
Etwas Wertvolles, das uns schon das ganze Leben begleitet.
Ob wir 5 oder 8 Jahre alt sind, 15, 33,
ob wir 72 oder 94 Jahre alt sind,
es ist bei uns.

Es ist bei uns, wenn wir wachen und wenn wir ruhen,
es hilft uns, etwas zu tun.
Ohne es wäre vieles schwieriger.

Vielleicht erraten Sie, was ich meine:
Wo ich auch bin, ich kann sie nicht vergessen, sie sind immer bei mir.
Ich habe zwei davon, heute Morgen haben sie mir beim Kämmen geholfen …
Ja, meine Hände.

Ich möchte Sie einladen, Ihre Hände einmal zu betrachten …
Zwei davon, glatt oder faltig …
Viel getan …
Kartoffeln geschält …
Geschrieben …
Gestreichelt …
In unseren Händen ist viel von dem zu sehen, was unser Leben gezeichnet hat:
Arbeit auf dem Feld oder im Garten, in der Küche, am Schreibtisch oder in der Werkstatt.
Unsere Hände könnten davon erzählen, was sie erlebt und getan haben.
Und es ist in ihnen eingezeichnet.
Unsere Hände vergessen nicht.

Kehrvers Vergiss mein nicht

2. Teil

(*am Lesepult*)

Unsere Hände sind immer bei uns.
Wir gebrauchen sie aber nicht nur für uns selbst.
Hände sind auch eine Brücke zu anderen Menschen.
Wenn wir einander die Hände reichen, wird das deutlich.
Sich begrüßen, die Hand ausstrecken, eine Hand ergreifen – dabei wird die Brücke deutlich, die wir bauen.

Automatisch sehen wir uns dabei an, spüren den anderen Menschen an unserer Seite, fühlen die warme oder auch kältere Hand und sind miteinander verbunden.

Wenn Sie mögen, reichen Sie Ihrer Nachbarin, Ihrem Nachbarn einmal die Hand.
(*einander die Hände reichen, sich dabei anschauen, in Kontakt kommen*)

Menschen an unserer Seite brauchen wir.
Menschen, die uns nahe sind.
Menschen, die ein offenes Ohr für uns haben.
Menschen, die zufassen, wenn wir eine stützende Hand brauchen.
Wir brauchen Menschen, die uns nicht vergessen,
Menschen, die uns zeigen, dass sie uns mögen.
Menschen, die uns die Hand reichen.

Wo Menschen einander die Hände reichen,
da sind sie verbunden und vergessen sich nicht.

Kehrvers Vergiss mein nicht

3. Teil

Im Buch Jesaja sagt Gott: »Siehe, in die Hände habe ich dich gezeichnet.«
Er vergisst uns nicht. Selbst wenn das passiert, was man sich eigentlich gar nicht vorstellen kann: dass eine Mutter ihren Säugling vergisst. Unvorstellbar.
Doch selbst wenn so etwas geschehen sollte – Gott sagt: Ich vergesse dich nicht.
Ich habe dich in meine Hand eingezeichnet.

Ein schönes Bild.
Gott hat sich uns in seine Hände gezeichnet.
Wir sind ihm nahe, er vergisst uns nicht.
Egal, was geschieht: Wir sind in Gottes Hand gezeichnet.
Wenn ich das höre, dann denke ich an die Hände von Jesus.
Er hat mit seinem ganzen Leben gezeigt, dass Gott niemanden vergisst.
Er hat mit seinen Händen geheilt, geholfen, getragen, gesegnet.
Und am Ende trugen seine Hände Nägelmale als Zeichen der Nähe Gottes zu uns.
Das Kreuz ist das Erinnerungszeichen der Liebe Gottes.
Darum werden wir bei unserer Taufe mit dem Kreuz gesegnet.
Als Zeichen dafür, dass wir zu Gott gehören.

Wenn Sie mögen, zeichnen Sie sich selbst oder gegenseitig ein Kreuz in Ihre Hand.
In Gottes Hände sind wir gezeichnet. Er vergisst uns nicht.
(*sich selbst oder einander ein Kreuz in die Hand zeichnen*)

Kehrvers Vergiss mein nicht

4. Teil

Gott vergisst uns nicht. Darauf können wir vertrauen.
Gott hat uns in seine Hände gezeichnet.
Wir Menschen vergessen manchmal etwas.
Nicht nur den Schlüssel …

Darum schenken wir uns heute gegenseitig eine Erinnerungshilfe.
Als Schlüsselanhänger oder für die Jacke,
für das Portemonnaie oder anderes.

(*Vergissmeinnicht-Schlüsselanhänger werden verteilt, während an der Orgel die Melodie des Kehrverses gespielt wird – und evtl. mitgesummt oder -gesungen wird*)

Vielleicht kennen Sie den alten Spruch aus dem Poesiealbum:
»Rosen, Tulpen, Nelken, alle Blumen welken.
Nur das eine Blümlein nicht, welches heißt: Vergiss mein nicht.«
(*langsam und ggf. zum Mitsprechen anregend sprechen*)

Das Vergissmeinnicht steht für die Treue.
Ich lade Sie ein, die Blume, das Vergissmeinnicht,
in Ihre Handinnenfläche zu legen.
Spüren sie die Wärme, die davon ausstrahlt …

Dieses Vergissmeinnicht soll uns daran erinnern:
Gott spricht: »Ich habe dich in meine Hand gezeichnet.
Ich vergess dich nicht.«
Darauf können wir vertrauen.

Amen.

Kehrvers Vergiss mein nicht

Abkündigungen

Musik des Posaunenchors

Fürbitten

Wir danken dir, treuer Gott, dass wir deine Zusage haben:
»Ich bin bei euch alle Tage«.
Wir bitten dich, dass wir daran festhalten – gerade auch an den Tagen, die uns nicht gefallen.
Tage, an denen wir hoffen, sie mögen schnell vergehen.
Wochen, für die unsere Kraft nicht ausreicht.
Zeiten, unter denen wir leiden.
Schenk uns die Erfahrung, dass du uns trägst und hältst.
Wir bitten dich gemeinsam: Herr, erbarme dich.

Barmherziger Gott, du hast uns eingeladen, mit unseren Bitten zu dir zu kommen.
Das tun wir und beten für die Menschen, die sich vergessen fühlen,
für die, die sich einsam und verlassen vorkommen,
für die, die mit sich und anderen im Unfrieden leben.
Lass sie erfahren, dass du niemanden vergisst,
und sei ihnen nahe mit deinem Frieden.
Wir bitten dich gemeinsam: Herr, erbarme dich.

Wir beten für die Menschen, die mehr Sorgen und Not haben, als sie verkraften,
die unter Schmerzen leiden, die an die Grenzen ihrer Kraft und Geduld stoßen,
die unter schweren Lasten seufzen.
Lass sie erfahren, dass du niemanden vergisst, und schenk ihnen deine Kraft.
Wir bitten dich gemeinsam: Herr, erbarme dich.

Wir beten für die Menschen, die dich vergessen haben,
die glauben, sie müssten alles allein schaffen.
Die alles nur aus eigener Kraft meistern wollen ohne deine Hilfe und deinen Segen.
Lass sie erfahren, dass du niemanden vergisst, und begegne ihnen mit deiner Liebe.
Wir bitten dich gemeinsam: Herr, erbarme dich.

Weil du, gnädiger Gott, uns nicht vergisst, hilf auch uns,
einander nicht zu vergessen.
Gib uns Augen, die den Nächsten sehen,
Füße, die Wege mitgehen,

Hände, die stützen und helfen,
Ohren, die zuhören können,
und ein Herz für den Menschen, der uns braucht.
Wir bitten dich gemeinsam: Herr, erbarme dich.

Vater unser

Vater unser im Himmel.
Geheiligt werde dein Name.
Dein Reich komme.
Dein Wille geschehe,
wie im Himmel so auf Erden.
Unser tägliches Brot gib uns heute.
Und vergib uns unsere Schuld,
wie auch wir vergeben unsern Schuldigern.
Und führe uns nicht in Versuchung,
sondern erlöse uns von dem Bösen,
denn dein ist das Reich und die Kraft
und die Herrlichkeit in Ewigkeit.

Amen.

Lied Komm, Herr, segne uns (EG 170,1)
Posaunenchor und Orgel im Wechsel

Segen

Der Herr segne dich und behüte dich!
Der Herr lasse sein Angesicht leuchten über dir und sei dir gnädig!
Der Herr erhebe sein Angesicht auf dich und schenke dir Frieden.

Amen.

Musik zum Ausgang

Im Anschluss an den Gottesdienst sind die Teilnehmenden im Seitenschiff der Kirche zu Begegnung und Gespräch bei Kaffee und Tee eingeladen.

Inken Richter-Rethwisch

Laudatio[1]

»Vergiss mein nicht« – so lautet der Titel des Gottesdienstes, der am 9. Oktober 2011 in der St. Nicolai-Kirche in Lüneburg gefeierte wurde und der heute – im äußeren Rahmen der Landessynode in Hannover – mit dem Gottesdienstpreis ausgezeichnet werden soll. Aus der Perspektive der Ausschreibung waren Gottesdienste im Blick, die für Menschen mit Demenz sowie deren Angehörige und Umfeld gestaltet wurden. In den Augen der Jury war inmitten der Vielzahl der eingereichten Gottesdienste, die allesamt ansprechend und überzeugend waren, der Gottesdienst »Vergiss mein nicht« besonders beeindruckend. Die Jury begründete dies mit den Worten: »Dieser Gottesdienst ging erkennbar aus einer örtlichen Kooperation zwischen der Alzheimer-Gesellschaft, der Psychiatrischen Klinik und der Gemeinde St. Nicolai hervor, die seit mehreren Jahren besteht. Uns beeindruckte die sorgfältige und intensive Vorbereitung, an der viele Gemeindegruppen beteiligt waren.«

Ungefähr 1,2 Millionen Menschen mit Demenz leben derzeit in Deutschland, und die Zahl der Erkrankung nimmt kontinuierlich zu. Durch die demographische Entwicklung gewinnt das Thema ganz offensichtlich an Relevanz, und mit den Biographien prominenter Persönlichkeiten kommt »Demenz« an verschiedenen Stellen zunehmend in öffentliches Bewusstsein. Eine zukünftige Herausforderung auch für uns als Kirche.

Einen Gottesdienst für Erkrankte und deren Umfeld zu gestalten, bedeutet in dieser Konsequenz, sich zuerst zu vergegenwärtigen, wie sich Welt- und Selbstwahrnehmung der betroffenen Menschen in den verschiedenen Stadien der Erkrankung verändert und welche Bedarfe sich daraus für den Gottesdienst ableiten. Dabei spielen Suche nach Orientierung und Ordnung, nach Geborgenheit und Sicherheit, nach Halt und Trost eine entscheidende Rolle. Im Kommunikationsgeschehen des Gottesdienstes besteht der hohe Anspruch, in Ritual und Symbolik, in einfacher, aber dennoch gehaltvoller Sprache und klarer Struktur dem Wort Gottes Raum zu geben, so dass sich Beheimatungskräfte entfalten können.

In besonderer Weise versucht der Gottesdienst »Vergiss mein nicht«, diesen Anspruch einzulösen. Schon in der gemeinsamen gemeindlichen und multiprofessionellen Kooperation kommt zum Ausdruck, dass von

1 Während der Hannoverschen Landessynode am 28. November 2012.

vielen verschiedenen kreativen Zugängen her gedacht wurde, um eben nicht exklusiv, sondern den Gottesdienst möglichst inklusiv zu gestalten. Der Mittelpunkt bildet dabei das Wort aus Jesaja 49 und seine tröstliche Botschaft:

»Jauchzet, ihr Himmel; freue dich, Erde! Lobet, ihr Berge, mit Jauchzen! Denn der Herr hat sein Volk getröstet und erbarmt sich seiner Elenden. Siehe, in die Hände habe ich dich gezeichnet!«

»Siehe, in die Hände habe ich dich gezeichnet!« Damit war bei Ihnen im Vorbereitungsteam auch die Kern-Idee geboren: das Symbol der Hand zum Zentrum zu machen, verknüpft mit der Botschaft, dass auch diejenigen, die mit dem Vergessen kämpfen, in die Hand Gottes geschrieben und darum nicht vergessen sind. Verbunden mit der Erinnerung daran, dass Gottes Schweigen ein Ende hat und nicht Sprachlosigkeit und Gottvergessenheit am Ende die bestimmenden Farben des Lebens sind. In dieser Aussage konzentriert sich der Gottesdienst auf seine theologische Mitte, die durch Gesten und Zeichen mit allen Sinnen erlebt werden konnte.

Ein überwältigender Moment – wer das als Angehöriger, Pflegender und Gottesdienstteilnehmender schon einmal mit erlebt hat –, wenn dementiell erkrankte Menschen in liturgischen Passagen (etwa Liedern, Psalmen oder Gebeten) überraschenderweise mitsprechen, sich an Zeichen und Gesten beteiligen können und damit eine Gemeinschaft über trennende Barrieren hinweg entsteht. Hier wird im besten Sinne seelsorglicher Verkündigung eine »lebendige Brückenbauarbeit« geleistet, die ansonsten in der Wüste der Erinnerungslosigkeit abzustürzen droht. Und gleichzeitig werden nicht davon betroffene Kirchgänger für die besondere Situation von Demenz sensibilisiert. Das ist eine gelungene Form von Inklusion, die unserer Kirche Profil und Erkennbarkeit verleiht!

Liebe Frau Stoffregen, liebe Frau Reitberger, lieber Herr Oldenburg, wir freuen uns heute mit Ihnen und hoffen: Möge dieser Gottesdienst viele positive Nachahmungseffekte auslösen und immer erneut unsere Phantasien anregen, wo und in welcher Form wir Seelsorge und Verkündigung so anregend miteinander verbinden, dass Menschen unterschiedlichster Zugänge sich beheimatet fühlen in der Sprache, den Zeichen und Gesten unserer Gottesdienste.

5. Ein Gottesdienstkonzept für den städtischen und ländlichen Raum

Dietrich Lauter

Das Gottesdienstkonzept »Gottesdienst für viele«

Ein Strukturkonzept für den städtischen und ländlichen Bereich des Kirchenkreises Köthen (Anhalt)

1. Einleitung: Die Sache mit dem Spatzen und der Taube

Zwischen dem Anspruch des Gottesdienstes, Mitte der ganzen Gemeinde zu sein, und seiner Wirklichkeit als einer Veranstaltung für eine bestimmte Zielgruppe bzw. ein nahezu abgegrenztes Milieu klafft eine schier unüberbrückbare Lücke. Diese Einsicht ist nicht neu. Das Dilemma besteht darin, dass für diejenigen, die den traditionellen agendarischen Gottesdienst besuchen, dieser gerade in seiner traditionellen agendarischen Form richtig und wichtig ist. Und dass die anderen, die ihm fernbleiben, gerade dieser Form, dieser Musik, dieser Kommunikationsstruktur – noch dazu um diese Uhrzeit – wenig oder nichts abgewinnen können.

Der Anspruch, dass auch andere für den Gottesdienstbesuch zu gewinnen sind, wird von kaum jemandem bestritten. Der – naheliegende – Wunsch der vorhandenen Gottesdienstbesucher ist es jedoch, dass »die anderen« oder wenigstens ein Teil von ihnen sich zum selben Geschmack – um den geht es manchen offenbar mehr als um den Glauben – bekehren. Dass aber genau dies kaum geschieht, erleben sie nicht zuletzt in den eigenen Familien.

Die Diskussion über Gottesdienste, die »die anderen« ansprechen, wird also zwangsläufig zur Diskussion über andere Gottesdienste. Ein Blick in die Ökumene, vor allem in den protestantisch-freikirchlichen Bereich, zeigt, dass andere Gottesdienste in den vielfältigsten Formen möglich sind. Auch in unserem Land gibt es seit Jahrzehnten eine Fülle von nicht-agendarischen Gottesdiensten, die – allen voran die Familiengottesdienste – auch durchaus Zuspruch in ihren Zielgruppen finden. Dass diese an die Stelle des traditionellen Gottesdienstes treten, darf bisher jedoch nur in eher seltenen Fällen geschehen. Andersfalls wird das von der Kerngemeinde als der Verlust »ihres« Gottesdienstes erlebt; treue Gemeindeglieder bleiben weg; Konflikte sind die Folge.

So müssen alternative Gottesdienste entweder Randerscheinung bleiben oder als zusätzliches Angebot konzipiert werden. Letzteres erfordert, will man sie regelmäßig anbieten, dem zusätzlichen Aufwand entsprechende freie Kapazitäten und großes gemeindliches Engagement über den Rahmen des traditionell Üblichen hinaus. Kommt es zu Überlastungen, wird in der Regel zuerst in diesem zusätzlichen Bereich reduziert, da die Entscheidungsträger auf allen Ebenen von Gemeinde und Kirche zum überwältigenden Teil dem ersten, traditionellen Milieu zuzurechnen sind und entsprechende Prioritäten favorisieren.

Dabei können sie – aus ihrer Sicht zu Recht – auf die Erfahrung verweisen, dass diejenigen, die von Taizé-Andachten, Krabbelgottesdiensten, Politischen Nachtgebeten oder Gospel-Gottesdiensten begeistert sind, daraus kaum jemals die Konsequenz ziehen, nun auch öfter den »normalen« Gottesdienst zu besuchen. Dies zeigt sich in extremer Weise bei den Heilig-Abend-Gottesdiensten, den immer schon »anderen« Gottesdiensten, die über die Maßen viele Menschen anziehen, aber keinen erkennbaren Werbe-Effekt für die Gottesdienste des restlichen Jahres haben. Der große Aufwand, der für alternative Gottesdienste betrieben wird, führt nur sehr selten dazu, dass neue treue Gottesdienstteilnehmer gewonnen werden.

Nicht zuletzt ist darauf hinzuweisen, dass im Gegensatz zur traditionellen Gemeinde, die wir als »Spatz in der Hand« – wenn auch in stetig abnehmender Zahl – haben und kennen, die Zielgruppe der neu anzusprechenden »Tauben auf dem Dach« in keiner Weise homogen ist, dass es sich vielmehr um recht unterschiedliche Zielgruppen handelt. Wer sie ansprechen will, muss dauerhaft mit deutlich erhöhtem Aufwand rechnen. Und die Frage, ob und wie das zu schaffen sein soll, stellt sich immer dringlicher. So erscheint das Motto »Lieber den Spatz in der Hand als die Taube auf dem Dach« realistisch. Dennoch darf es aus theologischen und ekklesiologischen Gründen nicht die letzte Antwort sein.
Die Lösungsversuche für diese Problematik, die in den vergangenen Jahren im Kirchenkreis Köthen (Anhalt) entwickelt wurden, möchten wir im Folgenden vorstellen.

2. Analyse der Ausgangssituation

Anhalt: Hohe Kirchendichte – geringe Christendichte

Die Evangelische Landeskirche Anhalts liegt mit einem Anteil von gut 15 % von evangelischen Kirchenmitgliedern an der Gesamtbevölkerung am unteren Ende der landeskirchlichen Statistik der EKD. Der Gottesdienstbesuch der Landeskirche ist relativ zwar der EKD-weit beste, in absoluten Zahlen jedoch gering. Wegen einer außergewöhnlich hohen Kirchendichte dieses einstigen Kernlandes der Reformation verteilen sich die Kirchgänger auf viele Gottesdienststätten. So werden in Anhalt vergleichsweise viele Gottesdienste für vergleichsweise wenige Menschen gefeiert.

Kirchenkreis Köthen: Unter den Blinden ist der Einäugige König

Der Kirchenkreis Köthen in der Landeskirche Anhalts umfasst 8 Parochien. Die Situation ist deutlich zweigeteilt: Auf der einen Seiten stehen die beiden großen Stadtgemeinden mit knapp 3.000 Gemeindegliedern und 3 Pfarrstellen, auf der anderen die 34 Kirchengemeinden im ländlichen Raum mit knapp 5.000 Gemeindegliedern und 4,5 Pfarrstellen.

Die Parochien als Pfarrbezirke umfassen zwischen 3 und 7 kleine, teils kleinste Kirchengemeinden. Nahezu jede Gemeinde hat ihre eigene Kirche, manchmal sogar mehr als eine. So ist es nicht ungewöhnlich, wenn einzelnen Pfarrämtern sechs oder acht Kirchen zugeordnet sind, deren lokale Gemeinden Wert darauf legen, dass auch Gottesdienste in ihnen stattfinden. Da es illusorisch ist, diesem Wunsch an allen Orten wöchentlich nachzukommen, und dies auch gar nicht überall erwartet wird, finden Gottesdienste meist im vierzehntägigen, monatlichen oder sechswöchentlichen Turnus, in einzelnen Kirchen nur an besonderen Festtagen statt.

Die Situation im Kirchenkreis Köthen stellt daher eine besondere Herausforderung dar, die sich zwischen vier Polen bewegt: dem der *theologischen Einschätzung des Gottesdienstes* als Zentrum der Gemeinde, dem der Erwartung vieler Haupt- und Ehrenamtlicher an eine *lebendige Gottesdienstkultur*, dem der Erwartungen vor allem in den ländlichen Gemeinden an eine *lokal verwurzelte Gottesdienstpraxis* und nicht zuletzt dem der wirtschaftlichen und *arbeitsökonomischen Zwänge und Grenzen*. Die demographische Entwicklung mit der zunehmenden Überalterung der Bevölkerung, die durch Wegzug der jüngeren Generation noch verschärft wird, lässt die Gemeinden weiter schrumpfen. Dies führte zwangsläufig auch zu einer Reduzierung der Pfarrstellen (noch 12 im Jahr 2003, 7,5 seit 2007). Bei gleichzeitiger Aufrechterhaltung der Anzahl der Gottesdienstorte ergab sich ein immer höherer Arbeitseinsatz der Verantwortlichen für eine kleiner werdende und in immer weiterem Umkreis verstreut wohnende Gottesdienstgemeinde.

Der ländliche Bereich: Absolut Flop, prozentual top

Für die persönliche Arbeit der für den Gottesdienst Verantwortlichen, für Pastorinnen, Lektoren, Kirchenmusikerinnen und Diakone, bedeutet dies eine erhebliche Belastung am Wochenende und in der Vorbereitung der Gottesdienste. Dies wurde in den vergangenen Jahren mit hohem Idealismus und großer Verlässlichkeit auf sich genommen. Man sah sich in der Verantwortung, auch den Menschen in kleinen Gemeinden Gottes Wort nicht vorenthalten zu wollen. Man respektierte den Wunsch, Gottesdienste in den je »eigenen« Kirchen – als identitätsstiftenden Orten – feiern zu wollen, in der schon vorangehende Generationen getauft, getraut und beerdigt wurden. Man wollte, nachdem sich

Bank, Lebensmittelladen, Apotheke und Arzt schon aus dem Ort zurückgezogen hatten, den Menschen (nicht nur den Gemeindegliedern!) nicht auch noch den Verlust der Kirche zumuten. So feierte man unbeirrt und in großer Treue viele, viele Gottesdienste, oft mit sehr Wenigen bis dahin, dass vereinzelt der Gottesdienst mangels Gemeindebeteiligung ausfiel.

Zugleich blieb diese Anstrengung nicht folgenlos für die Gottesdienstverantwortlichen. Manche stießen an Grenzen ihrer Belastbarkeit (und die ihrer Familien), fast alle erlebten das Gefühl der Frustration. Denn die kleine Gottesdienstschar hat natürlich auch Folgen für den Gottesdienst selbst, für seinen Anspruch, möglichst viele Menschen zu erreichen, für seinen Charakter als gemeinschaftsstiftendes Ereignis, für das Singen und die Art der Liturgie, für den öffentlichen Charakter des Gottesdienstes. Was, wenn jetzt überraschend ein Fremder käme? Was für ein Bild vom Zentrum unserer Religionsausübung vermitteln wir als Christen eigentlich, wenn wir nur so ein kleines Häuflein sind? Und wie steht es mit der Freude am Feiern, am Singen, am Gefühl von Gemeinschaft, wenn zugleich so viel Bedeutungslosigkeit suggeriert wird?

Es gelang auch nicht mehr immer, alle Gottesdienste personell angemessen auszustatten. Verstärkt sind Lektorinnen und Lektoren im Einsatz, Gottesdienste finden auch ohne Kirchenmusiker/in statt. Die Küsterarbeit wird ohnehin fast nur noch ehrenamtlich, nicht selten durch Pfarrerin oder Pfarrer ausgeübt. Eine »Versorgungsmentalität« machte sich breit unter allen Beteiligten, den Ältesten, Pfarrerinnen und Pfarrern, Gottesdienstbesuchern ebenso wie bei den Gemeindegliedern, die außer an Weihnachten nie kamen: In unseren Kirchen hat Gottesdienst stattzufinden. Das war schon immer so. Das soll auch so bleiben. Also muss irgendwie dafür gesorgt werden.

Ein Schlüsselproblem für die Veränderung im ländlichen Bereich ist die mangelnde Mobilität. Während die Menschen für nahezu jeden Zweck weite Wege auf sich nehmen, soll Kirche »vor Ort« sein und bleiben. Die Kirchen der Nachbardörfer haben die wenigsten von den Kirchenmitgliedern je von innen gesehen. Wenn die Entwicklung eines parochialen Bewusstseins gefordert wird, ist die Skepsis extrem hoch: »Herr Pfarrer, das werden Sie nie schaffen!« Dennoch wird kein Weg daran vorbeigehen, dass bei Parochiegrößen von 500 bis 1000 Gemeindegliedern die Einsicht wachsen muss, dass Gemeindeglieder auch einen Gottesdienst in einer maximal 7 km entfernten Kirche als den ihren betrachten. Für dieses Problem mag es Ursachen in der lokalen Geschichte geben. Im Kern geht es aber schlicht und einfach um die Angst, fremd zu sein und niemanden zu kennen. Kirche braucht ein hohes Maß an Vertrautheit.

Treue und Beharrlichkeit

Mit dieser Darstellung soll keine Schelte der traditionellen Gemeinde verbunden sein. Unsere Kirche ist nun einmal von den 40 Jahren der DDR geprägt mit Folgen, die bis heute reichen. Damit ist nicht nur die hohe Zahl der Nichtmitglieder zu erklären, sondern auch die Einstellung sehr vieler Mitglieder. In einer Gesellschaft, in der Kirchenzugehörigkeit von Staats wegen nicht als selbstverständlich wie im Westen und häufig gar als nicht erwünscht angesehen wurde, hatte jeder Gottesdienstbesuch einen deutlich bekenntnishafteren Charakter als in den alten Bundesländern.

Für die Kirchengemeinden war es eminent wichtig, dass Gottesdienst stattfand – jeder ausgefallene Gottesdienst und jeder aufgegebene Predigtort konnten als Erfolg der Gegenseite, die das Aussterben von Religion und Kirche prophezeite, interpretiert werden. Insofern war es von Bedeutung, an möglichst vielen Tagen und Orten Gottesdienst stattfinden zu lassen, ohne dass es dabei auf Zahlen ankam.

Es waren Gemeindeglieder mit einer großen Treue zu ihrer Kirche, mit persönlichem Mut und, was die charakterliche Grundstruktur anging, oft an Sturheit grenzender Beharrlichkeit, die sich in dieser Zeit noch zu ihrer Kirche hielten. Nach der Wende bedauerten viele, dass die große Begeisterung für die Friedensgebete des Wendeherbstes (klassische »alternative« Gottesdienste) sich nicht in eine höhere Beteiligung an den sonntäglichen Gottesdiensten umsetzte. Die Erfahrung, die man in den Jahren zuvor gemacht hatte, führte jedoch schnell dazu, dass man getrost auf die, die nicht kommen wollten, zu verzichten bereit war. Diskussionen darüber, was man tun könne und müsse, um andere für den Gottesdienst zu gewinnen, führten schnell zu der Frage, ob sich die treuen Gemeindeglieder nun etwa verbiegen sollten für die, die noch vor wenigen Jahren auf der anderen Seite gestanden oder zumindest sich opportunistisch ferngehalten hatten. Natürlich sehen viele Hauptamtliche und auch ein Teil der Ehrenamtlichen dies anders, aber man kann diejenigen, die auf dem »So war es schon immer« bestehen, nicht einfach als Traditionalisten abstempeln. Ihnen bleibt das Verdienst, die Kirche durch die DDR-Zeit getragen zu haben, und dafür gebührt ihnen Respekt.

So erfolgt die Situationsbeschreibung hier auch nicht im Ton eines Klagelieds. Die evangelische Kirche ist und bleibt die mitgliederstärkste Organisation im Lande. Von den wenigen Gemeindegliedern werden prozentual mehr im Gottesdienst erreicht als in jeder anderen Landeskirche. Die für den Gottesdienst Verantwortlichen haben in einer von Abwanderung und Bedeutungsverlust geprägten Region Kirche flächendeckend als verlässlich und stets »nahe bei den Menschen« profiliert. Die Kirche stellt in weiten Teilen des ländlichen Raums die einzigen Hauptamtlichen. Dies bringt der Kirche auch bei der großen Zahl der Konfessionslosen viel Sympathie ein. Sie kümmert sich um die Kirchengebäude als die dorfbildprägenden und identitätsstiftenden Gebäude, bietet Konzerte als musikalische Höhepunkte im dörflichen Leben an und stellt mancherorts die Kirchen für Trauerfeiern auch von nicht der Kirche angehörigen Verstorbenen zur Verfügung.

Was auch immer gerade im Bereich der Zahlen in den Kirchengemeinden zu beklagen ist, es ist kein spezifisch kirchliches Problem. Feuerwehr und Vereine haben mindestens dieselben Nachwuchssorgen, Parteien und kommunale Selbstverwaltungsgremien sind nur noch marginal vorhanden. Insofern hat der Satz vom Einäugigen, der unter den Blinden König ist, tröstliche Berechtigung.

Stadt Köthen: Bach und mehr

In der Stadt Köthen ist die Stadt- und Kathedralkirche St. Jakob mit ihren 75 Meter hohen Doppeltürmen und der großen Ladegast-Orgel das das Stadtbild prägende Gebäude. Die äußerlich unscheinbarere St. Agnus-Kirche besitzt ihre Bedeutung als Bachkirche. Profilbildend ist daher in ganz besonderer Weise die Kirchenmusik. Zu den Konzerten von der Orgelmusik zur Marktzeit bis zum Weihnachtsoratorium, von Gospelkonzert bis zu den international hochkarätig besetzten Bachfesttagen kommen mehr Menschen in die Kirchen als zu den Gottesdiensten.

Zudem ist die Kirche mit Kindergarten, Hort, Kinderheim, Kinder- und Jugendzentrum und Migrationsberatung in gemeindlicher Trägerschaft sowie einer Evangelischen Grundschule in landeskirchlicher Trägerschaft in für die Region ungewöhnlich intensiver Weise im Bildungs- und Sozialbereich präsent und erfährt auch deshalb eine hohe Akzeptanz. Aber auch hier gilt: dies alles hat keinen spürbaren Werbeeffekt für den Sonntagsgottesdienst.

Die beiden großen Stadtgemeinden mit den Hauptkirchen St. Agnus und St. Jakob liegen 230 Meter Fußweg auseinander. In ihnen fanden üblicherweise parallel jeweils agendarische Gottesdienste um 9.30 Uhr statt. Der Gottesdienstbesuch lag in beiden Kirchen im bundesdeutschen Normbereich mit sinkender Tendenz. Jede der beiden Kirchen wäre groß genug für die Gottesdienstbesucherzahl an normalen Sonntagen. Besondere Gottesdienste fanden immer wieder einmal statt, jedoch nie kontinuierlich. Bevorzugt sollten sie zusätzlich stattfinden. Ersetzten sie doch einmal den agendarischen Gottesdienst, war mit Kritik aus der Traditionsgemeinde zu rechnen. Überlegungen stärkerer Kooperation scheiterten lange am ausgeprägten Kirchturmdenken beider Gemeinden: Gemeindeglieder von St. Jakob gingen nicht nach St. Agnus, die von St. Agnus nicht nach St. Jakob. Je vehementer die Gemeindevertreter sich gegen solche Kooperationen aussprachen – zugleich aber deshalb nicht häufiger den Gottesdienst besuchten –, umso mehr wuchs bei den für den Gottesdienst Verantwortlichen das Leiden an dieser gefühlten gottesdienstlichen Doppelstruktur, die Arbeitskraft band, die in anderen Bereichen dringend gebraucht wurde.

Wo zwei oder drei versammelt sind

Im Jahr 2010 nahm der Kirchenkreis Köthen eine statistische Bestandsaufnahme seiner gesamten gottesdienstlichen Situation vor. Er erhob, an welchen Orten wie viele Gottesdienste stattfanden, von wie vielen Menschen sie besucht wurden, wie oft sie ausfielen und von welcher Art die Gottesdienste waren. Dabei traten insbesondere im ländlichen Bereich interessante Ergebnisse zutage, die die Richtung für die Weiterentwicklung des Gottesdienstkonzeptes aufzeigten.

Der Kirchenkreis umfasste damals 38 ländliche Gemeinden mit zusammen ca. 4.900 und 2 Stadtgemeinden mit 3.000 Gemeindegliedern. Die durchschnittliche Gemeindegröße liegt damit bei 126 Gemeindegliedern im ländlichen Bereich. 50 % der ländlichen Gemeinden haben deutlich unter 100 Mitglieder.

Die Zählung des Gottesdienstbesuchs im ländlichen Bereich ergab folgende Ergebnisse (2010): 682 Gottesdienste insgesamt, das sind 18 Gottesdienste pro Gemeinde im Durchschnitt sowie 13.149 Gottesdienstbesucher insgesamt, das sind 19 Besucher pro Gottesdienst.

Diese Zahlen beeindrucken zunächst: 682 Gottesdienste im Jahr für 4.900 Gemeindeglieder. Für 4.900 Gemeindeglieder der Kirche einer westlichen Großstadt würden ca. 60 Gottesdienste im Jahr angeboten. Wir feiern zehnmal so viele Gottesdienste! Ein nicht ganz fairer Vergleich, da Stadt und Land, Ost und West so nicht zu vergleichen sind, dennoch macht er deutlich, welch enorm hohen Einsatz an Zeit und Kraft wir für die Gottesdienste aufwenden.

Eine ländliche Kirchengemeinde feiert ein bis zwei Gottesdienste pro Monat, der durchschnittliche Besuch erscheint in absoluten Zahlen passabel, prozentual ist er hervorragend. Das Bild wird allerdings verzerrt von wenigen Großgottesdiensten im Jahr, die die Durchschnittszahlen hochtreiben.

Wie die Verteilung der Gottesdienstbesuchszahlen über's Jahr aussieht, zeigt ein charakteristisches Schaubild aus Kleinpaschleben-Drosa, einer der ländlichen Parochien des Kirchenkreises, die den Gottesdienstbesuch gemeindeweise prozentual in Beziehung setzt zur jeweiligen Gemeindegröße:

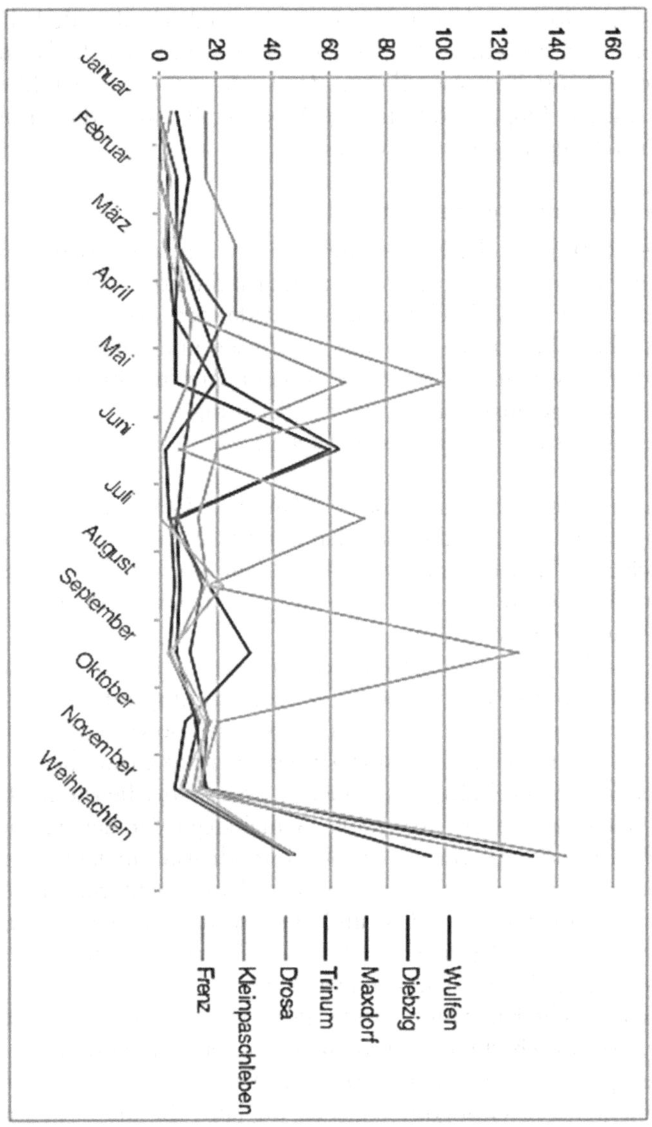

Die »herausragenden« Gottesdienste sind: Konzertandacht, Konfirmation, Himmelfahrts-Gottesdienst im Freien, Gemeindefeste, Goldene Konfirmation und Weihnachten.

Die Graphik zeigt, was wir spaßeshalber die »Köthener Normalverteilung« genannt haben: An normalen Sonntagen ist ein absolut geringer

Gottesdienstbesuch zu verzeichnen, sobald aber eine Besonderheit hinzutritt, gibt es einen gewaltigen Ausschlag nach oben.

Solche Besonderheiten können sein: eine Amtshandlung im Gottesdienst, etwa eine Taufe oder eine Goldene Hochzeit, ein Dorffest, ein regionaler Gottesdienst, ein Projektgottesdienst, das Erntedankfest oder ein Campingplatzgottesdienst.

Demgegenüber fällt auf, dass traditionelle besondere Anlässe, wie die kirchlichen Hochfeste mit Ausnahme von Weihnachten, Ostern und Pfingsten – erstaunlicherweise in manchen Gemeinden auch das Erntedankfest – bei vielleicht leicht erhöhter Teilnahmezahl in ihrer Bedeutung offensichtlich eher rückläufig sind. Jedenfalls fallen sie keineswegs so stark ins Gewicht wie manche der oben aufgezählten »weltlichen« Hochfeste (z.B. Dorffeste).

Eine deutliche Ausnahme ist der Heilige Abend. Hier schlagen wir vermutlich alle Rekorde. Besucht werden sie zum Teil von weit mehr als 100 % der Mitgliedgliedschaft – was statistisch ja eigentlich gar nicht geht: Bei uns ist es möglich. Weihnachten hat über unseren kleinen Kreis der Christen hinaus eine offensichtliche gesellschaftliche Bedeutung.

Auf einen weiteren Faktor stießen wir, als wir zwei Zahlen in Beziehung setzten, deren Verhältnis normalerweise tabu ist. Wir fragten: Wie viele Gottesdienste werden eigentlich für wie viele Gemeindeglieder angeboten? Die Spannbreite erwies sich innerhalb des Kirchenkreises als enorm hoch. In Dohndorf z.B. mit 83 Gemeindegliedern werden 7 Gottesdienste im Jahr angeboten, während es in Frenz 14 Gottesdienste für 30 Gemeindeglieder gibt. Je zwei Gemeindeglieder von Frenz können damit sozusagen rein statistisch ihren jährlichen Privatgottesdienst feiern, eine luxuriöse Ausstattung!

Kann die Zahl der Gottesdienste völlig unabhängig von der Gemeindegröße sein? Eine genaue Analyse ist erforderlich: Ist in einem Ort eine deutlich höhere Beteiligung am Gottesdienst festzustellen – solche Orte gibt es –, so kann sich das »Angebot« der »Nachfrage« anpassen. Geht es den Verantwortlichen Ältesten jedoch in anderen Orten nur darum, dass möglichst oft Gottesdienste stattfinden – auch solche Orte gibt es –, so müssen Konsequenzen gezogen werden. Hat man sich – das wäre der dritte Fall, wo das Tabu berührt wird – daran gewöhnt, dass sehr, sehr wenige treue Gottesdienstbesucher alle zwei Wochen nach dem Motto »Wo zwei oder drei versammelt sind« versorgt werden, ohne zu merken, dass hier eine mehr oder minder geschlossene Gesellschaft zusammenkommt, dann muss die Frage aufgeworfen werden, die wir traditionell nicht zuzulassen gewöhnt sind: Darf man eine Aufwand-Nutzen-Rechnung stellen, vielleicht sogar eine Kosten-Nutzen-Rechnung, wenn es um Gottesdienste geht?

3. Theologische und konzeptionelle Überlegungen

Wir halten daran fest, dass der Gottesdienst die Mitte unseres Gemeindelebens ist und zwar im Sinne der Formulierung des Evangelischen Gottesdienstbuchs: als Zentrum der Identität unserer Gemeinden. Denn was hier geschieht, die Verkündigung des Evangeliums Jesu Christi, ist die Basis aller anderen Veranstaltungen unserer Gemeinden von der Krabbelgruppe über den Konfirmandenunterricht bis hin zum Seniorenkreis. Sie geschieht hier gewissermaßen in Reinform (vgl. auch CA VII) und strahlt auf die anderen Veranstaltungen aus. Wie umgekehrt alle sonstigen Aktivitäten der Kirchengemeinde auf den Gottesdienst bezogen bleiben.

Gerade weil aber im ländlichen Bereich der Gottesdienst die zentrale und häufig sogar die einzige Gemeindeveranstaltung darstellt, können wir uns nicht auf die traditionelle und oft gehörte These einlassen, dass es auf Zahlen »nicht ankomme«. Es geht darum, den Gottesdienst so zu gestalten und ins Bewusstsein möglichst vieler Menschen zu bringen, dass in ihm die Gemeinschaft der Christengemeinde sichtbar und erfahrbar wird.

Wir sind uns dessen bewusst, dass Schritte zur Veränderung gottesdienstlicher Struktur in Bezug auf Gottesdienstfrequenz und die Anforderung an mehr Mobilität bei den Gemeindegliedern ein hohes Maß an Sensibilität erfordern. Denn mit dem Gottesdienst, der vor Ort stattfindet, verbindet sich auch ein hoher Respekt für ebendiese Identität stiftende Funktion von Gottesdiensten auf Gemeindeebene, die naturgemäß auch auf das Kirchengebäude übergeht. Ebenso verbindet sich mit ihm der Respekt vor dem stellvertretenden Charakter, den jeder Gottesdienst selbst dann hat, wenn er nur von wenigen besucht wird. Menschen ist der regelmäßige Gottesdienst in ihrer Kirche wichtig, auch wenn sie nicht hingehen.

Der zentralen Identität stiftenden Bedeutung und der Stellvertreterfunktion des Gottesdienstes stehen auf der anderen Seite theologische und Ressourcengründe gegenüber, die wiederum zur Veränderung nötigen. So droht in den Kleinstgottesdiensten der öffentliche Charakter des Gottesdienstes verloren zu gehen. Es sind Tendenzen zu beobachten, dass Gottesdienstgemeinden sich einigeln, Gäste oder Fremde nicht mit offenen Armen empfangen oder sie sogar spüren lassen, dass sie hier nicht erwünscht sind. Dass unter solchen Umständen auch die missionarische Strahlkraft der Gottesdienste erheblich leidet, ist überflüssig zu erwähnen.

Jeder Gottesdienst sollte unseres Erachtens eine zuversichtlich-fröhliche Grundstimmung ausstrahlen. Durch das schleichende Frustrationspotential bei Hauptamtlichen und Gottesdienstteilnehmenden ist eben diese Grundatmosphäre bei den Kleinstgottesdiensten gefährdet. Zunehmend entstand auch der Wunsch, sich jenseits aller organisatorischen Details einer gottesdienstlichen Flächenversorgung wieder stärker inhaltlich dem Gottesdienst zuwenden zu können.

Gottesdienst ist auch Gemeinschaft. Diese wird in der beschriebenen Situation nur noch fragmentarisch sichtbar, wenn Pfarrinnen und Pfarrer im ländlichen Bereich oft erst knapp vor dem Gottesdienst kommen können und bald darauf zum nächsten eilen müssen. Das hat zur Folge, dass die kleine Gottesdienstgemeinde sich auch schnell wieder zerstreut. Ein neues Konzept soll auch den Gemeinschaftscharakter (über den Öffentlichkeitscharakter hinaus) berücksichtigen.

Etwas anders stellt sich die Problematik in der Stadt Köthen dar, wo viele divergierende Interessen sich mit der Kirche verbinden: Wie kann es gelingen, vielfältige Formen des Gottesdienstes zu praktizieren, die den verschiedenen Zielgruppen gerecht werden, ganz unterschiedlichen Menschen Zugänge zu Gebet, Bibel und einer großen Bandbreite von Musik zu ermöglichen, und zugleich dazu beizutragen, dass Brücken einer neuen Gemeinschaft gebaut werden?

Das eine tun, das andere nicht lassen, möglichst keinen verlieren

Methodisch haben wir uns für einen behutsamen Weg der Strukturveränderung entschieden, der die Bedürfnisse der treuen Gottesdienstgemeinde berücksichtigt, zugleich aber das Bewusstsein für regionalen und übergemeindlichen Zusammenhalt stärken möchte. Das neue Gottesdienstkonzept fällt nicht radikal aus, sondern knüpft an die aus der Analyse gewonnenen Tendenzen an und versucht, sie zu verstärken.

Generell besteht bei den Mitgliedern unserer Gemeinden ebenso wie bei den haupt- und ehrenamtlichen Mitarbeiterinnen und Mitarbeitern ein tiefes Misstrauen gegenüber schriftlich formulierten Konzeptionen, die irgendein Heil aufgrund struktureller Veränderungen verheißen. Das – vornehm ausgedrückt – dünne Echo auf das EKD-Papier »Kirche der Freiheit« kann als Paradebeispiel dafür gelten.

Wenn jemand sich nicht vorstellen kann oder will, dass etwas, was er nicht kennt, funktionieren soll und das auch noch besser als das, was er kennt, nützt keine noch so klug formulierte Konzeption, über die abgestimmt werden soll. Der Weg zum Ausprobieren des Neuen ist ein anderer: Es geht darum, durch gute Arbeit in der vorhandenen Struktur Vertrauen zu gewinnen, einzelne Experimente zu wagen, in deren Rahmen Ängste und Vorurteile abgebaut werden können, sodann zum probeweisen Versuchen von Neuem einzuladen und dann zu behalten, was sich bewährt.

4. Die Umsetzung

Es wurde versucht, möglichst viele Beteiligte in den Prozess der Erarbeitung eines neuen Gottesdienstkonzeptes einzubeziehen. So wurde es über längere Zeit – zum Teil unter Einbeziehung externer Moderatoren – im Pfarrkonvent thematisiert und entwickelt. Dem Pfarrkonvent, der im Kirchenkreis Köthen mit 15 Personen überschaubar ist, gehören neben Pfarrerinnen und Pfarrern auch Gemeindepädagoginnen, der Jugendreferent sowie die Kirchenmusikdirektorin an. Darüber hinaus wurden die Pläne in Gemeindekirchenräten und Regionalversammlungen diskutiert. Die Kreissynode im Herbst 2011 war dem Thema »Regionalkonzept für den Gottesdienst« gewidmet.

Vorreiter der Umsetzung der konzeptionellen Veränderungen waren die Gemeinden der Stadt Köthen, die bereits 2008 mit der Erprobung des neue Stadtkonzepts – zunächst befristet auf ein Jahr – begannen. 2010 wurde der Prozess auf die ländlichen Regionen des Kirchenkreises ausgeweitet. Ziel im ländlichen Bereich war es eigentlich gewesen, alle Regionen für die Umsetzung des Konzepts als gemeinsames Projekt zu gewinnen. Verschiedene Gründe (Pfarrstellenwechsel und Vakanzen, Krankheit, Elternzeit und in einem Einzelfall auch mangelnde Motivation) führten jedoch dazu, dass neben der Stadt vor allem die beiden Parochien Preußlitz und Wörbzig-Gröbzig mit ihren zusammen 12 Kirchengemeinden und 16 Kirchen das Konzept dezidiert aufnahmen.

Stadt Köthen: Gottesdienst im 1. und im 2. Programm

Für die beiden Stadtkirchen wurden zwei Grundsatzentscheidungen getroffen: Es sollte keine Profilkirchen – hier traditionell, dort modern – geben, sondern ein »erstes« und ein »zweites« Programm für beide Kirchen. Langjährige Gottesdienstbesucher sollten so auch weiterhin die Gelegenheit bekommen, regelmäßig einen agendarischen Gottesdienst in »ihrer« Kirche zu feiern. Gleichzeitig sollten neue Zielgruppen mit anderen Gottesdiensten angesprochen werden. Ebenso wenig sollte es eine personelle Profilierung – hier der traditionelle, dort der alternative Pfarrer – geben, sondern alle Pfarrer sollten für beide Programme in beiden Kirchen zur Verfügung stehen.

Das neue Konzept sieht dementsprechend so aus: Jeden Sonntag um 9.30 Uhr findet ein agendarischer Gottesdienst statt – im Wechsel in einer der beiden Kirchen. In der anderen Kirche ist dann um 11 Uhr ein Gottesdienst der anderen Art – mit einer großen Bandbreite: Familien, Schüler, Senioren, musikalisch, thematisch, mit Gesprächsphasen etc., so oft wie möglich mit Beteiligung von Gruppen und Einrichtungen der Gemeinde. Für die Installierung des Projekts »Familienkirche« ist hier ebenso Raum wie für die Einbeziehung von Klassen aus der Evangelischen Grundschule, Gruppen aus dem Hort oder dem Kinderheim.

Auch die Durchführung von Gottesdiensten zu besonderen Anlässen wie Friedensdekade, Woche für das Leben ist hier gut möglich.

Der ländliche Bereich: Alles zu seiner Zeit

In den Landgemeinden galt es, die Zahl der Gottesdienste zugunsten einer Stärkung der inhaltlichen Arbeit und des regionalen und gemeinschaftlichen Zusammenhalts zu reduzieren. Zugleich sollten die noch vorhandenen Traditionen zu den Festzeiten des Kirchenjahres bewahrt werden. Die Tendenz der »Köthener Normalverteilung«, hohe Ausschläge bei besonderen »Highlight-Gottesdiensten« zu erzeugen, sollte positiv aufgenommen werden. Regional bedeutsame Anlässe sollten vermehrt durch niedrigschwellige Gottesdienstangebote aufgegriffen, ggf. sogar neue geschaffen werden. Es sollte im Anschluss an den Gottesdienst noch Zeit eingeplant werden, zusammenbleiben zu können. Herausgekommen ist folgendes Konzept:

1. Zu den geprägten Festzeiten oder Tagen des Kirchenjahres (Advent, Weihnachten, Ostern, Erntedank, Totensonntag) wird die volle Versorgung aller Gemeindeorte und möglichst aller Kirchen beibehalten. Dadurch sollen die christlichen Hochfeste im Bewusstsein gehalten und möglichst gestärkt werden.
2. In den Sommermonaten geht – wenn die Menschen nicht zur Kirche kommen – die Kirche zu den Menschen: Ein Programm von Gottesdiensten im Freien, an besonderen Orten, aus Anlass von dörflichen oder anderen weltlichen Festen und Aktionen mit Andacht will möglichst viele erreichen. Vergleichbares gilt außerhalb der Sommerzeit z.B. für Osterfeuer oder Martinsfest. Gerade bei solchen Gelegenheiten kann das vorhandene Potential der Zusammenarbeit mit anderen, nichtkirchlichen Gruppen und Vereinen wie Ortsfeuerwehr oder Heimatverein ausgeschöpft werden.
3. In den Wintermonaten von Januar bis März steht das Bemühen um die Steigerung inhaltlicher Qualität im Vordergrund: Predigtreihen werden durchgeführt, jeweils in einem Gottesdienst an wechselnden Orten innerhalb der Parochien. Die Gottesdienste finden um 10 Uhr mit anschließendem Gesprächs- und Kommunikationsangebot statt.
4. In den Ferienzeiten wird das traditionelle kleine Programm mit zwei bis drei Gottesdiensten pro Sonntag weitergeführt, um eine gewisse Kontinuität zu erhalten.

5. Positive Erfahrungen

1. Stadt Köthen

In der Stadt Köthen ging es weniger um die Erhöhung der Gottesdienstbesucherzahlen als um das Erreichen von neuen Zielgruppen. So hat die

Öffnung auch nur in einem überschaubaren Rahmen zu quantitativem Wachstum geführt (immerhin wurde der Abwärtstrend gestoppt!), wohl aber zu deutlichem qualitativen Wachstum. Es ist gelungen, eine wachsende Zahl von Menschen aller Altersgruppen in die Vorbereitung und Durchführung von Gottesdiensten miteinzubeziehen und deutlich mehr Menschen anzusprechen. Generell gilt: Diejenigen, die (nahezu) immer den Gottesdienst besuchen, werden tendenziell weniger, diejenigen, die gelegentlich an einem Gottesdienst teilnehmen, dagegen deutlich mehr.

Ganz wichtig ist es, dass es in den Köthener Gemeinden Gemeindeglieder gibt (und von Anfang an gab), die bewusst und gerne in beide Arten von Gottesdienst gehen. Sie – und eigentlich nur sie – können perspektivisch als Begleiter für Menschen fungieren, die über die anderen Gottesdienste Kontakt zum Gemeindeleben finden und – wenn auch in kleinerer Zahl – auch einmal einen »normalen« Gottesdienst besuchen, in dem sie dann jemand neben sich sitzen haben, der sie in den Ablauf des Gottesdienstes »mitnimmt«.

Für die Pfarrer, die ihrerseits ja in der städtischen Öffentlichkeit bekannt sind, erweist es sich als Gewinn, dass sie durch die 11-Uhr-Gottesdienste eine große Zahl von Menschen innerhalb und außerhalb der Kirchenmitgliedschaft persönlich kennenlernen, womit wieder Anknüpfungspunkte für weitere Begegnungen geschaffen sind.

Insgesamt dauerte es nur ein halbes Jahr, bis die Gemeindeglieder, vor allem die Älteren, sich an das neue System gewöhnt hatten. Seitdem läuft es im Prinzip reibungslos und mit großem Gewinn. Es werden mehr und vor allem mehr unterschiedliche Menschen erreicht (Kirchenferne, thematisch Interessierte, Familien), ohne dass die traditionelle Gemeinde auf ihren Gottesdienst verzichten muss. Die Pfarrer können sich im Wechsel auf die verschiedenen Gottesdienste einstellen und sowohl die agendarischen Gottesdienste feiern als auch spezielle eigene Gaben einbringen oder Experimente machen.

Die Anzahl der Gottesdienstbesucher, die durch die zunächst ängstlich beäugte Neuerung »verlorenen« gingen, ist sehr gering und namentlich zu benennen. Die Zahl der neu Hinzugekommenen dagegen substantiell höher. Die Belastung durch die besonderen Gottesdienste um 11 Uhr, die meist einen höhere Vorbereitungsaufwand mit sich bringen (Einbeziehung von Gottesdienstteams, Drucken von Programmen, Koordinations- und Organisationsaufwand etc.), ist angesichts des Ergebnisses nicht nur akzeptabel, sondern wird von den Stelleninhabern gern auf sich genommen.

Originalzitat des Pfarrers von St. Agnus: »Ich hätte vor vier Jahren nie gedacht, dass es möglich sein könnte, die Bindung der Gemeindeglieder an die jeweilige Kirche aufzuheben. Aber alle Angst und alle Widerstände haben sich als unbegründet erwiesen.« So war es im Nachhinein auch nicht erstaunlich, dass die nach einem Jahr der Erprobung vorgesehen Erfolgskontrolle und endgültige Beschlussfassung zur Formsache geriet.

2. Die Landregion Süd-West (Parochien Wörbzig und Preusslitz)

Die Erfahrungen, die in den Jahren 2011 und 2012 gemacht wurden, sind sehr vielversprechend, wie sich beispielhaft an den Zahlen der Parochien Wörbzig und Preußlitz ablesen lässt.

Gottesdienstbesucher in den Parochien Wörbzig und Preußlitz 2002 bis 2012

Jahr	GD-Besucher	Zahl der GDe	Schnitt	Gemeindeglieder	in % der Gemeindeglieder
2002	2654	193	13,8	1152	230
2003	2469	188	13,2	1116	221
2004	2656	122	14,1	1083	245
2005	2419	169	14,3	1054	229
2006	2493	161	15,4	1024	243
2007	2879	178	16,2	998	288
2008	2651	176	15,1	970	273
2009	2559	152	16,8	947	270
2010	2594	146	17,8	927	280
2011	2881	129	22,3	912	315
2012	2897	111	26,1	903	321

Gemeindeglieder 2002: 1150 / 2012: 900; Stellenumfang 2002: 200 %, seit 2005: 125 %, seit 2010: 100 %

Bereits in den Jahren seit 2002 war es gelungen, trotz eines erheblichen Rückgangs der Gemeindegliederzahlen (vorrangig durch Wegzug, aber auch aufgrund eines großen Sterbeüberhangs) und reduzierter Stellen, mit deutlich weniger Gottesdiensten die Zahl der Gottesdienstbesucher stabil zu halten. Die positive Erfahrung mit weniger Gottesdiensten insgesamt und einer Schwerpunktsetzung auf Gottesdienste mit besonderem festlichen Charakter wurde aufgenommen.

Die sehr vielen kleinen Gottesdienste haben im Wesentlichen immer die gleichen Menschen erreicht. Die Zahl der Menschen, die außer am Heiligen Abend oder überhaupt wieder einmal einen Gottesdienst besuchen, steigt, ebenso wie die Zahl derer, die sich zum Gottesdienst äußern, sich mit eigenen Beiträgen in anschließenden Gesprächen einbringen oder erklären, wegen eines bestimmten Inhalts gekommen zu sein.

Die Zahl der Orte, an denen Gottesdienst gehalten wird, steigt ebenfalls: Zu den 14 nutzbaren Kirchen der Parochien kamen drei Gottesdienste in einer der Kommune gehörenden Kirche, zwei in einer privat organisierten »Kulturscheune«, einer im Freigelände eines Naherholungsgebiets, einer vor einer Kirchenruine im Freien, einer im Innenhof einer Mühle, einer auf dem Campingplatz, einer in einem Privatgelände auf einem Berg sowie einer (zu Erntedank) in einer Maschinenhalle. Gerade diese Gottesdienste erfreuten sich eines erhöhten Zuspruchs – gewiss auch ein Reflex auf die Kirchenscheu vieler Menschen in unserer entkirchlichten Region. Der Aufwand steigt im Winter in planerischer Hinsicht, im Sommer organisatorisch – aber es lohnt sich! Als erfreulich empfanden wir die Steigerung des Zahlenverhältnisses von Gemeindegliedern zu Gottesdienstbesuchern (jeder besucht statistisch 3,2 Gottesdienste im Jahr!). Dies stimmt allerdings nicht in vollem Umfang, da der Anteil der Nichtmitglieder nicht nur an Heilig Abend durchaus beträchtlich ist.

Als Verlust empfunden haben die Neuerung nur einige wenige, die grundsätzlich nicht flexibel sind und weiterhin nur zu – den jetzt weniger häufig stattfindenden – Gottesdiensten in »ihrer« Kirche und zur gewohnten Zeit kommen. Positiv wird die Entwicklung von den meisten beurteilt, wenn zunächst auch gar nicht so sehr für die eigene Person. Aber wenn der nicht der Kirche angehörige Ehegatte, der die Kirche eigentlich nicht betritt, zum Gottesdienst im Freien mitkommt, wenn unkirchliche Nachbarn sich lobend über den Gottesdienst in der Mühle oder auf dem Campingplatz äußern, dann spüren auch traditionell geprägte Gemeindeglieder, dass die Kirche, die sie lieben, wieder mehr Zuspruch erfährt, und sind bereit, die Veränderungen zunehmend bewusst mitzutragen.

Auch bei der Problematik der mangelnden Mobilität gibt es kleine Fortschritte. Positive Erfahrungen machen wir hier wie auch in den beiden anderen ländlichen Regionen des Kirchenkreises deshalb, weil durch häufigere regionale Gemeinschaftsaktionen die Vertrautheit miteinander zunimmt. Wenn man vor der Tür einer anderen Kirche erst einmal bekannte Gesichter sieht und wenn man gar freundlich begrüßt wird, dann ist das Problem der Fremdheit nur noch halb so groß. So trägt der 2004 begonnene Prozess der Regionalisierung Früchte.

Die erreichten positiven Ergebnisse sind sicherlich nur eine erste Momentaufnahme. Es ist jedoch gut vorstellbar, den begonnen Weg weiter fortzusetzen. Es zeigt sich, dass die Angst vor dem Boykott der traditionellen Gemeinde unbegründet ist, wenn man Vertrauen wachsen lässt, die Veränderungen behutsam ins Werk setzt, den Menschen Zeit gibt, positive neue Erfahrungen zu machen und zu verarbeiten, und am Auftrag des Evangeliums festhält, den ja auch die traditionell geprägten Christen aus tiefstem Herzen bejahen, keinem Menschen die Botschaft von der Freundlichkeit Gottes vorzuenthalten. Manchmal ist es nur die Angst vor der eigenen Courage, die uns hindert, das Richtige zu wagen.

Stephan Goldschmidt

Laudatio[1]

Im Jahr 2012 wurden der aktuellen EKD-Statistik zufolge deutschlandweit an den Sonn- und Feiertagen 1.127.262 Gottesdienste gefeiert – eine beachtliche Zahl, die noch beachtlicher wird, wenn wir bedenken, dass im Jahr 2003 die Zahl der Gottesdienste bei nur 1.032.618 lag, also bei fast 100.000 weniger.

Dass wir in Deutschland heute ca. 10 % mehr Gottesdienste feiern als vor zehn Jahren, müsste mich als Gottesdienstreferenten der EKD eigentlich freuen. Tut es aber nicht, denn trotz einer deutlichen Steigerung der Zahl an gefeierten Gottesdiensten sank die statistisch erfasste Zahl der Teilnehmenden zwar langsam, aber doch kontinuierlich. Nahmen im Jahr 2003 beispielsweise noch 8 % der ev. Kirchenmitglieder an den Erntedankgottesdiensten teil, waren es im vergangenen Jahr nur noch 7,5 % (statt gut 2 Mio. Teilnehmerinnen und Teilnehmern nur noch knapp 1,8 Mio.).

Dieses Phänomen, die Zunahme der Zahl der gefeierten Gottesdienste bei gleichzeitig sinkenden Teilnehmerzahlen zumindest an den sog. Zählsonntagen, macht nachdenklich. Wirklich beunruhigend wird dieser Tatbestand aber, wenn wir bedenken, dass gleichzeitig in nahezu allen Landeskirchen Pfarrstellen abgebaut wurden, im Osten Deutschlands in der Regel auf eine geradezu dramatische Weise. Dem Rückgang an Teilnehmenden in den Gottesdiensten begegnen die Gemeinden und die Berufsgruppe der Pfarrerinnen und Pfarrer mit einer Ausdifferenzierung des gottesdienstlichen Angebots. Neue Angebote, neue Gottesdienstformate werden entwickelt, aber häufig bleiben die bisherigen traditionellen Angebote weiterhin bestehen. Die Verantwortlichen begegnen dem gefühlten Relevanzverlust des kirchlichen Kernangebotes Gottesdienst mit Mehrarbeit, mit einer Addition weiterer und weiterer Arbeit: Zusätzliche alternative Gottesdienste werden ins gottesdienstliche Programm genommen, ohne gleichzeitig für die notwendige Entlastung zu sorgen.

Und hier sind wir schon mittendrin in dem Thema, das uns heute Abend hier in Köthen zusammengebringt: Wie begegnen wir den Herausforderungen, die uns bei unserer Gottesdienstarbeit gestellt sind? Wie kann es uns gelingen, ein attraktives gottesdienstliches Angebot in einer Stadt, in einer Region zu stricken, das den Menschen vor Ort eine Vielfalt an Gottesdienstformen und -zeiten bietet und das gleichzeitig ver-

1 Während der Synode des Kirchenkreises Köthen am 28. Oktober 2013.

antwortlich und nachhaltig mit den personellen und finanziellen Ressourcen umgeht?

Die Stiftung zur Förderung des Gottesdienstes (Karl-Bernhard-Ritter-Stiftung) hat diese Frage im vergangenen Jahr innerhalb ihres Wettbewerbs um den Gottesdienstpreis 2013 aufgeworfen und Kirchenkreise oder Verbünde von mehreren Kirchengemeinden dazu aufgerufen, ein Gottesdienstkonzept für eine Region einzureichen. Ich will Ihnen an dieser Stelle das enttäuschende Resultat nicht verhehlen: Es gab eine äußerst bescheidene Resonanz. Die Zahl der eingereichten Gottesdienstkonzepte lag im einstelligen Bereich – und das, obwohl die Stiftung zur Förderung des Gottesdienstes bereits seit 2010 in einschlägigen Zeitschriften mehrfach auf diesen Wettbewerb aufmerksam gemacht hatte. Zum Vergleich: Beim Passionsliederwettbewerb, den die Gottesdienst-Stiftung zusammen mit der Evangelischen Kirche von Kurhessen-Waldeck im Jahr 2010 verantwortete, gab es fast 300 Einsendungen mit Texten zu neuen Passionsliedern und fast 600 eingereichte Melodien. Offenbar ist es eine echte Herausforderung für Gemeinden, für Pfarrerinnen und Pfarrer und für die Verantwortlichen in der sog. mittleren Ebene, eine attraktive Gottesdienstlandschaft in einer Region gemeinsam zu erarbeiten. Die Entwicklung eines solchen Konzeptes weckt Ängste und Widerstände und kann nur gelingen, wenn sich die Partner gegenseitig vertrauen und den Prozess offen und transparent gestalten.

Ich bin dem Kirchenkreis Köthen (auch in meiner Funktion als Gottesdienst-Referent der EKD) sehr dankbar, dass er sich der Herausforderung gestellt hat, ein Konzept mit einem vielfältigen Gottesdienst-Programm in der Stadt und in der Region Köthen zu entwickeln. Dieses Konzept lässt uns schon heute einen Blick darauf werfen, wie zukünftig die ev. Kirche in der Fläche präsent sein kann. Zugleich ist das Köthener Konzept ein Modellprojekt, das zur Nachahmung einlädt. Dabei interessiert neben dem eigentlichen Ergebnis vor allem der Prozess der Erarbeitung und der Umsetzung. Denn es ist ein sensibler Punkt, wenn althergebrachte Traditionen infrage gestellt, wenn die Gottesdienstzeiten möglicherweise verändert und in dem einen oder anderen Ort im Jahr weniger Gottesdienste gefeiert werden als bisher.

Es ist geradezu vorbildlich, wie im Kirchenkreis Köthen die Arbeit an diesem Gottesdienstkonzept begann. Nach positiven Vorerfahrungen in der Stadt Köthen konnte die Konzeptentwicklung 2010 auf den gesamten Kirchenkreis ausgeweitet werden. Am Beginn stand eine sorgfältige statistische Erfassung der für die Gottesdienstarbeit relevanten Zahlen. Es folgte eine Analyse der örtlichen Gegebenheiten. In einem transparenten Verfahren und anhand von theologisch reflektierten Kriterien wurde das Konzept mit seinem vielfältigen gottesdienstlichen Programm entwickelt, das in verschiedenen Gremien des Kirchenkreises transparent vorgestellt und weiterentwickelt und am Ende behutsam umgesetzt wurde.

Die Qualität und die Offenheit des Prozesses scheinen vorbildlich gewesen zu sein. Zu dieser Offenheit gehörte auch, dass nicht alle Gemeinden, die den Weg zu dem neuen Gottesdienst-Konzept begonnen hatten, diesen Weg am Ende auch mitgegangen sind. Vermutlich wird das der eine oder die andere bedauern. Wenn aber ein offener Prozess begonnen wird, muss er auch die Offenheit beinhalten, aus diesem auszusteigen.

Hervorzuheben ist, dass auch Fragen zugelassen wurden, die normalerweise tabuisiert werden, wie zum Beispiel die Frage, ab welcher Teilnehmerzahl eine gottesdienstliche Feier den Charakter eines öffentlichen Gottesdienstes verliert, oder die Frage nach dem Verhältnis von Größe der Gemeindegliederzahl zur Zahl der örtlich gefeierten Gottesdienste. Hier war es vermutlich hilfreich, dass der Prozess begleitet wurde durch die beiden Mitarbeitenden des EKD-Zentrums für Qualitätsentwicklung im Gottesdienst, Dr. Folkert Fendler und Christian Binder. Deren Kenntnisse von Qualitätsprozessen auch außerhalb des kirchlichen Tellerrandes haben vermutlich die Bereitschaft gefördert, in Köthen neu und quer zu denken. Dabei muss gewürdigt werden, dass es Ihnen gelungen ist, Maß zu halten. Sie haben Tradition und Innovation in ein ausgewogenes Verhältnis gebracht. Nach den Worten der Jury ist es Ihnen gelungen, »sowohl die Bedürfnisse der Kerngemeinde als auch die Notwendigkeit ernst zu nehmen, neue Ideen zu entwickeln und neue Zielgruppen zu erschließen.« Oder in den Worten des von Ihnen eingereichten Konzeptes: Sie wollten den Menschen, »nachdem sich Bank, Lebensmittelladen, Apotheke und Arzt schon aus dem Ort zurückgezogen hatten, … nicht auch noch den Verlust der Kirche zumuten«. Sie sind vor Ort geblieben und habe mit Augenmaß die Anzahl der gefeierten Gottesdienste reduziert, um Spielräume für Gottesdienste zu gewinnen, die neue Zielgruppen ins Auge fassen und/oder die im Team vorbereitet werden. Heute gibt es in der Stadt und Region Köthen eine größere Vielfalt an Gottesdienstformaten und -zeiten. Obwohl Sie mit Ihren vorhandenen finanziellen und personellen Ressourcen schonend und nachhaltig umgehen, erreichen Sie mehr Menschen. In den beiden Stadtkirchen in Köthen werden heute an jedem Sonntag alternierend jeweils ein traditioneller und ein alternativer Gottesdienst gefeiert, und zwar zu unterschiedlichen Zeiten. In den beiden Kirchspielen Preußlitz und Wörbzig mit ihren 12 Kirchengemeinden und 14 genutzten Kirchen wurde das gottesdienstliche Angebot so umgebaut, dass neben dem Kirchenjahr in den Gottesdiensten verstärkt die Ereignisse des öffentlichen Lebens berücksichtigt werden (vor allem in den Sommermonaten). Sie haben dafür den öffentlichen Raum als geeigneten Ort für Gottesdienste entdeckt, die in Kooperation mit andern Akteuren vorbereitet und gefeiert werden, wie beispielsweise der Ortsfeuerwehr. Im Winter wird das Konzept um Predigtreihen ergänzt. Diese gottesdienstliche Vielfalt kommt offenbar bei den Menschen an. Die Zahl der Teilnehmenden steigerte sich im Jahr 2012 erfreulich.

Natürlich werden Veränderungen nicht von allen nur gutgeheißen. Es gab und gibt kritische Stimmen. Das wurde in der Konzeptbeschreibung auch nicht verschwiegen. Aber durch die hohe Transparenz des Prozesses, durch die kleinschrittige Erprobung wurden die Widerstände und die Ängste vor Ort ernst genommen und zumindest z.T. überwunden. Heute gibt es in der Stadt Köthen und in den beiden Kirchspielen Preußlitz und Wörbzig auch bei denen ein erfreuliches Maß an Zustimmung zu dem Konzept, in deren Ortskirche heute seltener Gottesdienste stattfinden als noch vor wenigen Jahren. Es ist nämlich schlicht überzeugend, wenn der Ehegatte, der nicht zur Kirche gehört und die Ortskirche eigentlich am liebsten nicht betritt, zum Gottesdienst im Freien mitkommt. Oder wenn der bisher als unkirchlich wahrgenommene Nachbar sich lobend über den Gottesdienst auf dem Campingplatz äußert. Dann ist zu spüren, wie sehr es sich lohnt, in einer Region gemeinsam am Thema Gottesdienst zu arbeiten und neue Wege auszuprobieren. Denn der Gottesdienst ist das Zentrum aller kirchlichen Arbeit. Hier liegen unsere spirituellen Wurzeln, hier kommt es wie an kaum einem anderen Ort zur Begegnung zwischen Gott und uns Menschen. Martin Luther hat dies 1544 bei der Einweihung der Torgauer Schlosskirche so beschrieben: »dass unser lieber Herr mit uns rede durch sein heiliges Wort und wir wiederum ihm antworten in Gebet und Lobgesang«[2].

Ihr Konzept hat die hochkarätig besetzte Jury der Gottesdienst-Stiftung davon überzeugt, dass es unter den heutigen kirchlichen Rahmenbedingungen dazu einlädt, auf Gottes Wort zu hören und darauf mit Gebet und Lobgesang zu antworten. Und so hat die Jury einstimmig beschlossen, den mit 2.500 Euro dotierten Gottesdienstpreis 2013 an den Kirchenkreis Köthen zu vergeben. Herzlichen Glückwunsch!

2 Martin Luther, WA 49, 588.

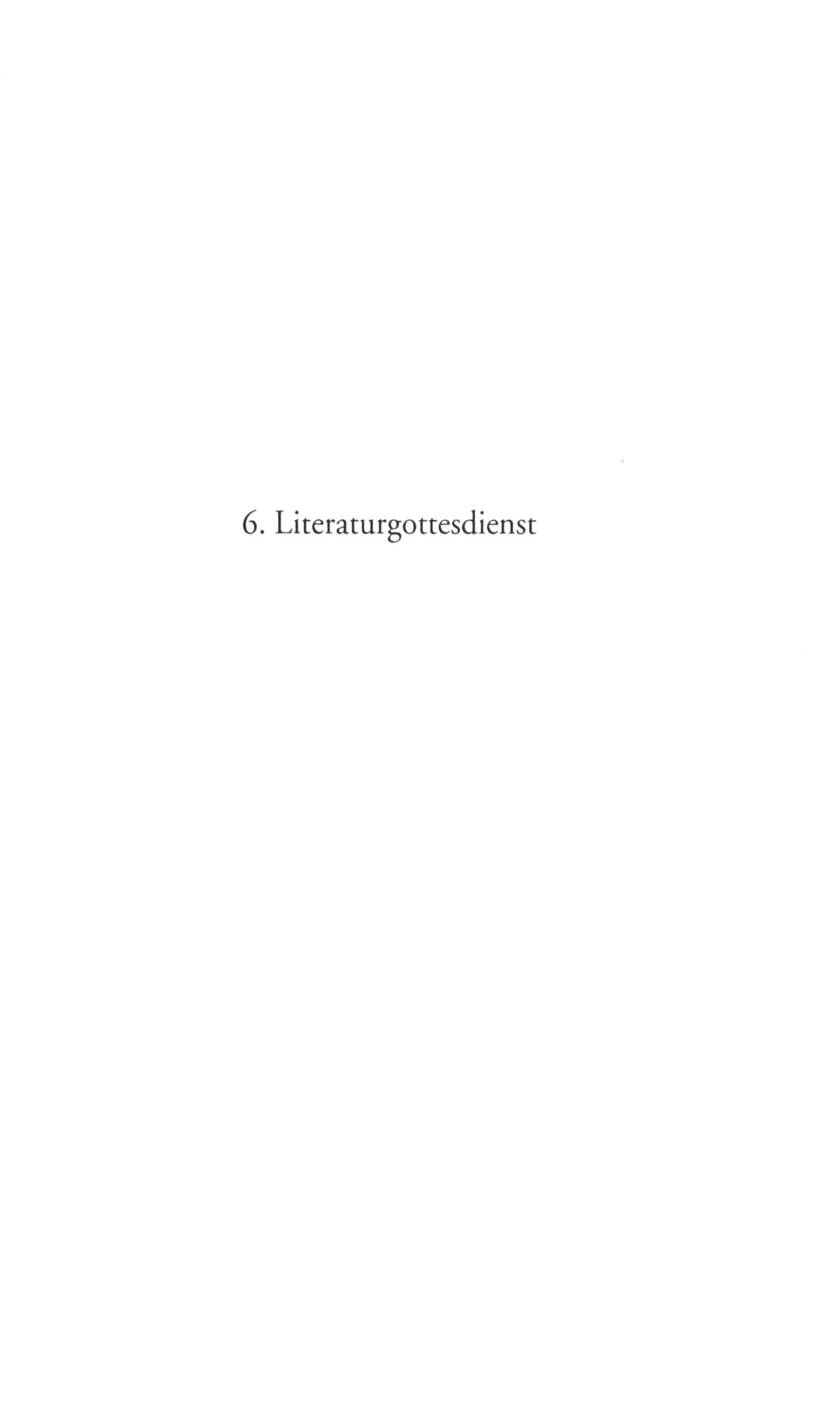

6. Literaturgottesdienst

Claudia und Martin Hülsenbeck / Susanne und Hans Große

Der Gottesdienst »Erklärt Pereira«

Ein Literaturgottesdienst in der Passionszeit zum gleichnamigen Roman von Antonio Tabucchi[1] – gefeiert in der Martini-Kirchengemeinde in Bielefeld[2]

Stimme aus dem Off

2. Mose 3

Gott:
Mose, geh nun hin, ich will dich zum Pharao senden, damit du mein Volk, die Israeliten, aus Ägypten führst.

Mose:
Wer bin ich, Adonai Gott, dass ich zum Pharao gehe und führe die Israeliten aus Ägypten?

Gott:
Ich will mit dir sein.

Mose:
Siehe, sie werden mir nicht glauben und nicht auf mich hören, sondern werden sagen: Der HERR ist dir nicht erschienen.

Gott:
Sie werden glauben, dass dir erschienen ist der Gott ihrer Väter, der Gott Abrahams, der Gott Isaaks, der Gott Jakobs.

Mose:
Ach, Adonai Gott, ich bin von jeher nicht beredt gewesen, auch jetzt nicht, seitdem du mit deinem Knecht redest; denn ich habe eine schwere Sprache und eine schwere Zunge.

Pause

[1] *Antonio Tabucchi*, Erklärt Peirera. Eine Zeugenaussage, München [19]2013.
[2] Der Gottesdienst ist zusammen mit konzeptionellen Überlegungen veröffentlicht in: *Stephan Goldschmidt* (Hg.), Ein Wort so viel wert wie das Leben, Freiburg/Basel/Wien 2016, 47–76.

Jeremia 1

Gott:
Ich, Adonai Gott, kannte dich, Jeremia, ehe ich dich im Mutterleibe bereitete, und sonderte dich aus, ehe du von der Mutter geboren wurdest, und bestellte dich zum Propheten für die Völker.

Jeremia:
Ach, HERR, ich tauge nicht zu predigen; ich bin zu jung.

Pause

Hesekiel 3

Gott:
Hesekiel, Du Menschenkind, geh hin zum Hause Israel und verkündige ihnen meine Worte.

Hesekiel:
Aber das Haus Israel will dich, Adonai Gott, nicht hören, denn sie wollen mich nicht hören; denn das ganze Haus Israel hat harte Stirne und verstockte Herzen.

Pause

Jona 1

Erzähler:
Gott sprach zu Jona:

Gott:
Jona, mache dich auf und geh in die große Stadt Ninive und predige wider sie; denn ihre Bosheit ist vor mich gekommen.

Erzähler:
Aber Jona machte sich auf und wollte vor dem HERRN nach Tarsis fliehen und kam hinab nach Jaffo. Und als er ein Schiff fand, das nach Tarsis fahren wollte, gab er Fährgeld und trat hinein, um mit ihnen nach Tarsis zu fahren und dem HERRN aus den Augen zu kommen.

Musik zum Eingang

Eröffnung/Begrüßung

Wir feiern diesen Gottesdienst im Namen Gottes:
Im Namen der Liebe, die uns trägt.
Im Namen der Hoffnung, die in allem Leid lebendig bleibt.
Und im Namen der Kraft, die uns immer wieder nahe sein will,
die uns anrührt und uns stärkt.

Passionszeit, Leidensgeschichten, aber nicht als Selbstzweck,
sondern um das lebenswerte Leben nicht zu verlieren.
Das Buch »Erklärt Pereira« soll in diesem Sinne diesen Gottesdienst prägen.
Es enthält eine Passionsgeschichte aus vergangener Zeit, und ist doch für uns, trotz aller Unvergleichbarkeit der Zeiten, anrührend und erschütternd.

Lied O Gott, du frommer Gott (EG 495, 1–3)

Stimme aus dem Off

2. Mose 3

Gott:
Mose, geh nun hin, ich will dich zum Pharao senden, damit du mein Volk, die Israeliten, aus Ägypten führst.

Mose:
Wer bin ich, Adonai Gott, dass ich zum Pharao gehe und führe die Israeliten aus Ägypten?

Gott:
Ich will mit dir sein.

Mose:
Siehe, sie werden mir nicht glauben und nicht auf mich hören, sondern werden sagen: Der HERR ist dir nicht erschienen.

Gott:
Sie werden glauben, dass dir erschienen ist der Gott ihrer Väter, der Gott Abrahams, der Gott Isaaks, der Gott Jakobs.

Mose:
Ach, Adonai Gott, ich bin von jeher nicht beredt gewesen, auch jetzt nicht, seitdem du mit deinem Knecht redest; denn ich habe eine schwere Sprache und eine schwere Zunge.

Pause

Jeremia 1

Gott:
Ich, Adonai Gott, kannte dich, Jeremia, ehe ich dich im Mutterleibe bereitete, und sonderte dich aus, ehe du von der Mutter geboren wurdest, und bestellte dich zum Propheten für die Völker.

Jeremia:
Ach, HERR, ich tauge nicht zu predigen; ich bin zu jung.

Pause

Hesekiel 3

Gott:
Hesekiel, Du Menschenkind, geh hin zum Hause Israel und verkündige ihnen meine Worte.

Hesekiel:
Aber das Haus Israel will dich, Adonai Gott, nicht hören, denn sie wollen mich nicht hören; denn das ganze Haus Israel hat harte Stirne und verstockte Herzen.

Pause

Jona 1

Erzähler:
Gott sprach zu Jona:

Gott:
Jona, mache dich auf und geh in die große Stadt Ninive und predige wider sie; denn ihre Bosheit ist vor mich gekommen.

Erzähler:
Aber Jona machte sich auf und wollte vor dem HERRN nach Tarsis fliehen und kam hinab nach Jaffo. Und als er ein Schiff fand, das nach Tarsis fahren wollte, gab er Fährgeld und trat hinein, um mit ihnen nach Tarsis zu fahren und dem HERRN aus den Augen zu kommen.

Lied Kehret um (EG West 589 – *mehrmals gesungen*)

Gebet

Gott, wir hören dein Wort,
doch es stört unser alltägliches Leben.
Gott, wir spüren dein Mitsein,
doch manchmal können wir nicht folgen in das Land der Verheißung.
Gott, wir spüren die lebendige Kraft deiner Liebe,
doch wir haben es gerne gesichert und ohne Risiko
und möchten nicht aufbrechen.
Und doch sind wir voller Sehnsucht und Hoffnung.
Wir bitten dich: Nimm uns in unseren Widersprüchen und faulen Kompromissen,
stärke unser Rückgrat und öffne unser Herz für deine das Leben verwandelnde Liebe.
Dazu hilf uns durch Jesus Christus.

Amen.

Lied Ich rede, wenn ich schweigen sollte (EG Hessen 585)

Einleitung

Portugal im Jahr 1938. Machthaber im Lande ist seit fast 10 Jahren der Diktator Salazar. Ähnlich wie Franco in Spanien regiert er das Land mit Hilfe einer Einheitspartei und der katholischen Kirche. Übergriffe der Geheimpolizei sind an der Tagesordnung.

Es ist sehr heiß in diesem Sommer in Lissabon. Die Stadt liegt zwischen dem Meer und den Bergen. Viele Straßen sind eng und steil.

In dieser Stadt lebt und arbeitet Pereira – seinen Vornamen kennen wir nicht. Früher war er Lokalredakteur einer größeren Zeitung. Jetzt ist er Kulturredakteur bei der »Lisboa«, einem kleinen Abendblatt. Einmal in der Woche erscheint eine Kulturseite.

Pereira ist ein gebildeter Mann. Er hat studiert. Er spricht gut Französisch und übersetzt Erzählungen der französischen Literatur für seine Zeitung.

Pereira ist Ende fünfzig. Er ist Witwer und kinderlos. Seine Frau hatte Tuberkulose und litt immer unter Atemnot. Pereira hat seine Frau geliebt und ihren langen Leidensweg liebevoll begleitet. Immer wieder erzählt er ihrem Foto, was ihn bewegt.

Er hat sich zurückgezogen. Er ist müde. Er ist dick und bequem geworden. Er isst und trinkt immer das Gleiche. Er ist freudlos, er ist lustlos, er ist wie tot.

Über das, was dann geschieht, macht Pereira eine Zeugenaussage, so heißt der Untertitel des Buches.

Musik
Pereira nimmt gegen Ende des Musikstücks seinen Platz ein.

Lesung[3]
Er begab sich in das Café Orquidea, das nur einen Katzensprung entfernt war, und setzte sich an ein Tischchen, aber ins Innere des Lokals, wo es wenigstens einen Ventilator gab, denn draußen hielt man es vor Hitze nicht aus.

Er bestellte eine Limonade, ging zur Toilette, wusch sich Hände und Gesicht, ließ sich eine Zigarre bringen, bestellte die Abendzeitung, und Manuel, der Kellner, brachte ihm ausgerechnet die Lisboa.

An diesem Tag hatte er die Korrekturfahnen nicht gesehen, deshalb blätterte er darin wie in einer fremden Zeitung. Auf der ersten Seite stand: »In New York stach heute die luxuriöseste Yacht der Welt in See.« Pereira betrachtete lange die Überschrift, dann betrachtete er die Fotografie. Auf dem Bild war eine Gruppe von Menschen zu sehen, mit Strohhut und im Hemd, die Champagnerflaschen entkorkten.

Pereira erklärt, dass er zu schwitzen begann, und er dachte aufs neue an die Auferstehung des Fleisches. Wie, dachte er, wenn ich auferstehe, befinde ich mich in Gesellschaft dieser Leute mit Strohhut? Er stellte sich tatsächlich vor, er befinde sich mit den Leuten von der Yacht in irgendeinem nicht näher bestimmten Hafen der Ewigkeit. Und die Ewigkeit erschien ihm als unerträglicher Ort, auf dem ein dunstiger Hitzeschleier lastete, mit Leuten, die Englisch sprachen, sich zuprosteten und dabei ausriefen: Oh, oh!

Pereira ließ sich noch eine Limonade bringen. Er überlegte sich, ob er nach Hause gehen sollte, um ein kühles Bad zu nehmen, oder ob er lieber seinen Freund, den Pfarrer, besuchen sollte, Don Antonio …, zu dem er vor einigen Jahren, als seine Frau starb, beichten gegangen war und den er einmal im Monat besuchte. Er dachte, es sei besser, Don Antonio zu besuchen, vielleicht würde es ihm guttun.

[…]

Pater Antonio war abgespannt, erklärt Pereira. Er hatte Augenringe, die ihm bis zu den Wangen reichten, und einen erschöpften Gesichtsausdruck, wie jemand, der nicht geschlafen hat. Pereira fragte ihn, was mit ihm los sei, und Pater Antonio sagte zu ihm: Also so was, hast du es denn nicht erfahren, sie haben einen aus dem Alentejo auf seinem Fuhrwerk umgebracht, es gibt Streiks, hier in der Stadt und anderswo, in welcher Welt lebst du denn, du, der du in einer Zeitung arbeitest, hör mal, Pereira, informier dich doch ein wenig.

Pereira erklärt, dieses kurze Gespräch … habe ihn verwirrt. Er fragte sich: In was für einer Welt lebe ich? Und es kam ihm der groteske Gedanke,

[3] A.a.O., 14.18.

dass er vielleicht gar nicht lebte, sondern schon so gut wie tot war. Oder besser gesagt: Er tat nichts anderes als an den Tod denken, an die Auferstehung des Fleisches, an die er nicht glaubte, und ähnliche Dummheiten, sein Leben war nur ein Überleben, die Illusion eines Lebens. Und er fühlte sich erschöpft.
[…]

Pereira erklärt, dass er seit einiger Zeit die Gewohnheit angenommen hatte, mit dem Bild seiner Frau zu sprechen. Er erzählte ihr, was er während des Tages gemacht hatte, vertraute ihr seine Gedanken an, bat um Ratschläge. Ich weiß nicht, in was für einer Welt ich lebe, sagte Pereira zum Foto, auch Pater Antonio hat es mir gesagt, das Problem ist, dass ich an nichts anderes als an den Tod denke, mir ist, als ob die ganze Welt tot wäre oder drauf und dran sei, zu sterben.

Und dann dachte Pereira an das Kind, das sie nicht bekommen hatten. Er hätte zwar eines gewollt, aber das konnte er von dieser zarten und kränkelnden Frau nicht verlangen, die nächtelang wach lag und lange Zeiten im Sanatorium verbrachte. Und es tat ihm leid. Denn wenn er jetzt einen Sohn gehabt hätte, einen erwachsenen Sohn, mit dem er hätte am Tisch sitzen und sich unterhalten können, dann hätte er nicht mit diesem Bild sprechen müssen … Und er sagte: Nun, was soll's. So verabschiedete er sich immer vom Bild seiner Frau.

Einwurf

Ach Pereira!
Ein Traum: Langsam durch die Stadt schlendern ohne Termindruck, sich einfach ins Lokal setzen, was trinken, muss ja nicht Limonade sein, die Zeitung.
Du hast es gut!
Den alltäglichen Wahnsinn distanziert betrachten. In New York stach heute die luxuriöseste Yacht in See.
Luxusfragen bedenken: Wie ist das mit der Auferstehung des Fleisches? Lächelnd angewidert sein angesichts der eigenen Fleischeslast.
Nicht müssen! Können! Oh, du glücklicher Pereira.
Die Welt? Zu schnöde! Die Gesellschaft! Zu oberflächlich! Die Menschen? Ach, es geht besser ohne sie, so viel Dummheit.
Die Wahl haben: zur Beichte oder in die Badewanne.
Warum gehst du zur Beichte, vor allem zu diesem Pfarrer?
Du weißt doch, er glaubt noch! … einer mit Hoffnung auf eine bessere Welt, und er nimmt den Glauben ernst. »Ihr seid das Salz der Erde.«
Pereira, du Narr, die Badewanne wäre besser gewesen. Jetzt hat es dich erwischt, wie eine Seuche. Eine Frage hat ausgereicht: In welcher Welt lebst du denn? Diese Frage lässt die in Limonade ertränkten Geister

auferstehen. Mir ist, als ob die ganze Welt tot wäre, mir ist, als sei es sinnlos zu leben.
Schon werden sie wach, die Kinder der Hoffnung, der anderen Welt.
Schon meldet sich das Leben.
Ist es nicht besser, sich tot zu stellen? Limonade und Zeitung, schlendern und betrachten! Alles andere: sinnlose Verschwendung?
Aber jetzt sind sie da, die sorgsam unterdrückten Fragen nach dem Leben. Doch allein, dir fehlt der Glaube.

Musik

Überleitung

Am Abend desselben Tages lernt Pereira einen jungen Mann kennen, Monteiro Rossi. Er beschließt, ihn als freien Mitarbeiter einzustellen. Monteiro Rossi soll für die Lisboa Nachrufe schreiben.

Lesung[4]

Pereira erklärt, als er am Tag darauf am Morgen aufstand, habe er ein Sandwich mit einer Käseomelette darin vorgefunden. Es war zehn Uhr, und die Zugehfrau kam um acht. Offensichtlich hatte sie es ihm zubereitet, damit er es zum Mittagessen mit in die Redaktion nahm, sie wusste genau, was ihm schmeckte, und Pereira liebte Käseomeletten. Er trank eine Tasse Kaffee, nahm ein Bad, zog das Jackett an, beschloss aber, keine Krawatte zu tragen. Er steckte jedoch eine in die Tasche.

Bevor er ging, blieb er vor dem Bild seiner Frau stehen und sagte zu ihm: Ich habe einen Jungen kennengelernt, der sich Monteiro Rossi nennt, und beschlossen, ihn als freien Mitarbeiter anzustellen, damit er mir im Voraus Nachrufe schreibt, ich dachte, er sei sehr aufgeweckt, aber er kommt mir sehr verträumt vor, hätten wir einen Sohn gehabt, wäre er vielleicht so alt wie unser Sohn, er sieht mir ein wenig ähnlich, eine Haarlocke fällt ihm in die Stirn, erinnerst du dich an die Zeit, als auch mir eine Haarlocke in die Stirn fiel, tja, ich weiß nicht, was ich dir sagen soll.

Er hat eine schöne Freundin, die Marta heißt und kupferfarbenes Haar hat, aber sie gibt sich ein wenig zu locker und spricht über Politik, na gut, wir werden sehen.

Überleitung

Pereira leidet unter der Hitze, er fühlt sich erschöpft und beschließt, für ein paar Tage auszuspannen und ins Thermalbad zu fahren. Aber er bleibt dort nur einen Tag. Er findet keine Ruhe und Erholung.

[4] A.a.O., 35f.

Auf der Rückfahrt im Zug lernt er eine deutsche Jüdin portugiesischer Herkunft kennen. Sie gehen gemeinsam in den Speisewagen und unterhalten sich dort.

Lesung[5]

Ich habe bemerkt, dass Sie ein Buch von Thomas Mann gelesen haben, sagte Pereira, das ist ein Schriftsteller, den ich sehr mag. Auch er ist nicht glücklich über das, was in Deutschland vor sich geht, sagte Frau Delgado. [...] Auch ich bin vielleicht nicht glücklich über das, was in Portugal vor sich geht, gab Pereira zu. Frau Delgado trank einen Schluck Mineralwasser und sagte: Dann tun Sie etwas. Und was? antwortete Pereira. Nun, sagte Frau Delgado, Sie sind ein Intellektueller, sagen Sie, was in Europa vor sich geht, machen Sie von Ihrer Meinungsfreiheit Gebrauch, mit einem Wort, tun Sie etwas.

Pereira erklärt, dass er gern einiges hätte sagen wollen. Er hätte gerne gesagt, dass über ihm der Herausgeber war, der ein Anhänger des Regimes war, und dass dann das Regime mit seiner Polizei und seiner Zensur da war und dass man in Portugal allen den Mund gestopft hatte, mit einem Wort, dass man nicht einfach von seiner Meinungsfreiheit Gebrauch machen konnte und dass er den ganzen Tag in einem elenden kleinen Zimmerchen … verbrachte, in Gesellschaft eines kurzatmigen Ventilators und überwacht von einer Portiersfrau, die wahrscheinlich ein Polizeispitzel war.

Aber von all dem sagte Pereira nichts, er sagte nur: Ich werde mein Bestes tun, Frau Delgado, aber für einen Menschen wie mich in einem Land wie diesem ist es nicht einfach, sein Bestes zu tun, wissen Sie, ich bin nicht Thomas Mann, ich bin nur ein unbekannter Kulturredakteur einer bescheidenen Abendzeitung, hin und wieder schreibe ich einen Nachruf auf einen berühmten Schriftsteller und übersetze französische Erzählungen des neunzehnten Jahrhunderts, mehr lässt sich nicht machen.

Ich verstehe, erwiderte Frau Delgado, aber vielleicht lässt sich alles machen, man braucht nur den Willen dazu.

Pereira blickte aus dem Fenster und seufzte.

[...]

[Später] verließ [er] mit Frau Delgado am Arm den Speisewagen, und er fühlte sich gleichzeitig stolz und verwirrt, aber wusste nicht warum, erklärt Pereira.

Einwurf

Ach, Pereira!

Leben in Sach- und Machtzwängen. Alle machen mit. Sich anpassen an die Verhältnisse. Da kannst du nichts machen, sonst machen sie dich

5 A.a.O., 70–72.

alle. Tausend Gründe zu sagen, ich kann es nicht ändern, ich bin viel zu unbedeutend, ich bin viel zu schwach. Und wenn fast alle sich anpassen, funktionieren, warum soll ich widerstehen? Wer bin ich? So wichtig bin ich doch nicht.
Ach Pereira, ich kann dich, glaube ich, verstehen,
Du spürst, wie es in dir arbeitet, du weißt, ich lebe verkehrt. Es lässt sich nicht abwaschen, nicht ertränken, nicht unter Fett begraben.
Und wenn du dich wehrst, machen sie dich fertig. Du könntest mit dem Leben bezahlen.
Komm, lass es sein, leben wir weiter so, unser bescheidenes Leben voller kleiner Fluchten, großer Sentimentalitäten und schöner Literatur.
Lass uns doch einfach leben.
Und dann kommt sie wieder, diese Stimme: Welches Leben? In welcher Welt lebst du?
Wessen Stimme ist es? Wessen Geist rührt Herz und Verstand auf?
Ich will mich weiter einrichten, in Beruf, Kunst und Literatur, in Erinnerung.
Entwicklungen aufhalten?
Ich höre es wieder:
Seid Sand im Getriebe, sagt nein, wer sich nicht wehrt, lebt verkehrt, kommt Bürger, lasst das Glotzen sein, kommt herunter, reiht euch ein …
Lasst mich doch in Ruhe!
»Man braucht nur den Willen!« sagte Frau Delgado. Blöder Satz. Als ob das so einfach wäre. Wo wird das alles enden?
Warum tun solche lästigen Gespräche mit Menschen, die widerstehen, so verwirrend gut, warum sind sie so abstoßend anziehend?
Da ist die Stimme wieder, hörst du sie auch?
Du bist ein Mensch, du bist in der Lage zu entscheiden.
Für einen Moment spürst du dein Menschsein,
in der Phantasie …,
um dann wieder im Reich der untoten Toten zu verschwinden.
Meine Geschöpfe, ach meine Geschöpfe, nach meinem Bild, zur Entscheidung geschaffen!
Komm, nimm noch einen Schluck, mit viel Zucker, iss noch einen Pfannkuchen, dann wird dein Stolz wieder verschwinden und das Leben süß.

Musik

Überleitung

Monteiro Rossi, der junge Mann, den Pereira als freien Mitarbeiter eingestellt hat, arbeitet im politischen Untergrund. Er kommt in Schwierigkeiten. Schritt für Schritt weiht er Pereira ein und bittet ihn um Hilfe. Der ist hin und her gerissen zwischen Vernunft und Gefühl, zwischen der Stimme des Herzens und der Stimme der Vorsicht.

Monteiro Rossi schreibt Nachrufe, die Pereira nicht gebrauchen kann. Dennoch bezahlt er die Texte.

Auf Empfehlung seines Arztes fährt Pereira erneut zu einem Kuraufenthalt. Im Sanatorium lernt er Doktor Cardoso kennen, der sich gerne mit ihm unterhält. Am Abend speisen die beiden gemeinsam.

Lesung[6]

[…] was hält Ihre Zeitung in Zukunft für uns bereit? Das kann ich Ihnen sagen, Doktor Cardoso, antwortete Pereira, in den nächsten drei oder vier Nummern gibt es eine Erzählung von Balzac, sie heißt Honorine, ich weiß nicht, ob Sie sie kennen. Doktor Cardoso schüttelte den Kopf. Es ist eine Erzählung über die Reue, sagte Pereira, eine schöne Erzählung über die Reue, die ich als autobiographisch aufgefasst habe, [… ich meine,] dass ich mich darin wiedererkannt habe. In der Reue? fragte Doktor Cardoso. In gewisser Weise, sagte Pereira, wenn auch auf eine sehr verquere Weise.

[…]

Die Tatsache, dass Sie Psychologie studiert haben, ermutigt mich, mit Ihnen zu sprechen. […] ich sehne mich nach Reue. Vielleicht sollten Sie dem Problem auf den Grund gehen, Doktor Pereira, sagte Doktor Cardoso, wenn Sie Lust haben, es gemeinsam mit mir zu tun, stehe ich zu Ihrer Verfügung. Nun gut, sagte Pereira, es ist eine merkwürdige Empfindung … Tatsache ist, dass ich einerseits froh bin, mein Leben so geführt zu haben, wie ich es geführt habe, … gleichzeitig ist es jedoch so, als ob ich Lust hätte, mein Leben zu bereuen, ich weiß nicht, ob ich mich klar genug ausdrücke.

Doktor Cardoso begann seine Seezunge zu essen, und Pereira folgte seinem Beispiel. Ich müsste mehr über die letzten Monate Ihres Lebens wissen, sagte Doktor Cardoso, vielleicht hat es ein Ereignis gegeben. Was für ein Ereignis? fragte Pereira, was meinen Sie damit? Ereignis ist ein Begriff aus der Psychoanalyse, sagte Doktor Cardoso … das Ereignis ist ein konkreter Vorfall in unserem Leben, der unsere Überzeugungen in Frage stellt und unser Gleichgewicht stört, mit einem Wort, das Ereignis ist ein Faktum, das sich im realen Leben ergibt und unser psychisches Leben beeinflusst, Sie sollten darüber nachdenken, ob es in Ihrem Leben ein Ereignis gegeben hat. Ich habe einen Menschen kennengelernt, habe er gesagt, erklärt Pereira, vielmehr zwei Menschen, einen jungen Mann und ein Mädchen.

Erzählen Sie mir ruhig darüber, sagte Doktor Cardoso.

[…] [Nun sagte] Pereira, es ist so, dass ich zu zweifeln begonnen habe: Wenn die beiden jungen Leute recht hätten? Dann hätten sie recht, sagte

6 A.a.O., 114–118.120.

Doktor Cardoso gelassen, aber das wird die Geschichte entscheiden, nicht Sie, Doktor Pereira. Ja, sagte Pereira, aber wenn sie recht hätten, hätte mein Leben keinen Sinn, es hätte keinen Sinn, dass ich … Literatur studiert und immer geglaubt habe, die Literatur sei das Wichtigste auf der Welt, es hätte keinen Sinn, dass ich den Kulturteil dieser Abendzeitung leite, in dem ich meine Meinung nicht zum Ausdruck bringen darf und französische Erzählungen des neunzehnten Jahrhunderts veröffentlichen muss, nichts hätte mehr Sinn, und das würde ich gerne bereuen, als ob ich eine andere Person wäre und nicht der Pereira, der immer als Journalist gearbeitet hat, als ob ich etwas verleugnen müsste.

[…] wenn Sie Ihr Leben bereuen wollen, bereuen Sie es ruhig, und erzählen Sie es ruhig einem Priester, wenn Sie Lust dazu haben, mit einem Wort, Doktor Pereira, wenn Sie zu glauben beginnen, dass die jungen Leute recht haben und dass Ihr Leben bis jetzt umsonst war, denken Sie es ruhig, vielleicht wird Ihnen Ihr Leben von nun an nicht mehr als umsonst erscheinen, lassen Sie sich von Ihrem … Ich leiten und entschädigen Sie sich nicht mit Essen und gezuckerter Limonade für Ihre Qualen.

Einwurf

Ach Pereira, kennst du den schmerzlichen Gedanken:

Wenn ich mein Leben ändere, entwerte ich das vorher Gelebte. Ich habe funktioniert, gehöre zur intellektuellen Elite, ich bin ein gutes Mitglied dieser Gesellschaft, ich kann doch nicht …

Leben auf der Kippe …

Warum soll ich etwas ändern? Es ist doch schön, oder? Mir geht es doch gut:

Langsam durch die Stadt schlendern ohne Termindruck, sich einfach ins Lokal setzen, Limonade und Omelette bitte, die Zeitung. Den alltäglichen Wahnsinn distanziert betrachten, mit der geliebten Frau in Verbindung bleiben, kenntnisreich Literatur übersetzen … Was ist daran falsch?

Du belügst dich selbst, hörst du die Stimme auch? Das falsche Leben hat sich längst in dein Leben gefressen, Pereira.

Du kannst nicht unschuldig bleiben und du weißt, im Grunde deines Herzens:

Der Rückzug ins Private stellt dein Begräbnis dar.

Die Flucht ins 19. Jahrhundert. Bald werden sie dich zwingen, Patriotisches zu übersetzen, du merkst kaum, wie sie dich verändern.

Die Wahrheit ist käuflich, die schönen Dinge bestenfalls Verzierung für dumme und brutale Macht, du weißt es, sie machen aus dieser Welt ein Totenhaus, und du lieferst den Kranz mit literarischen Blüten.

Musik

Überleitung

Pereira kehrt zurück nach Lissabon. Er hört immer mehr, was in Portugal politisch los ist, von Manuel, dem Kellner in seinem Stammlokal, von seinem Freund Pater Antonio. Doktor Cardoso besucht ihn in Lissabon und erzählt ihm, dass er Portugal verlassen wird.

Monteiro Rossi erscheint in Pereiras Wohnung. Er ist abgehetzt und erschöpft. Er ist auf der Flucht. Pereira nimmt ihn auf.

Lesung[7]

Ich weiß nicht, warum ich all das für Sie tue, Monteiro Rossi, sagte Pereira. Vielleicht weil Sie ein anständiger Mensch sind, antwortete Monteiro Rossi. Das ist zu einfach, erwiderte Pereira, die Welt ist voller anständiger Menschen, die sich nicht freiwillig in Schwierigkeiten begeben. Dann weiß ich es nicht, sagte Monteiro Rossi, dann weiß ich es wirklich nicht. Das Problem ist, dass nicht einmal ich es weiß, sagte Pereira, bis vor einigen Tagen habe ich mir viele Fragen gestellt, aber vielleicht ist es besser, wenn ich damit aufhöre.

Überleitung

Einen Tag später kommen drei Männer von der Geheimpolizei. Nach einer Auseinandersetzung mit Pereira finden sie Monteiro Rossi im hinteren Zimmer. Angeblich wollen sie ihm nur eine kleine Lektion erteilen, aber sie ermorden ihn und verlassen die Wohnung.

Lesung[8]

Pereira erklärt, ihm sei eine verrückte Idee gekommen, doch vielleicht, habe er gedacht, könnte er sie in die Tat umsetzen. Er zog sein Jackett an und verließ das Haus. Vor der Kathedrale gab es ein Café, das bis spät geöffnet war und ein Telefon hatte. […] Pereira … ging zum Telefon und wählte die Nummer der Klinik … in Parede.

[…]

Guten Abend, Doktor Cardoso, sagte Pereira, ich möchte Ihnen etwas Wichtiges sagen, aber jetzt geht es nicht.

Was ist los, Doktor Pereira, fragte Doktor Cardoso, fühlen Sie sich nicht wohl? Ich fühle mich tatsächlich nicht wohl, antwortete Pereira, aber das zählt nicht, es ist so, dass bei mir zu Hause etwas Furchtbares passiert ist, ich

[7] A.a.O., 176.

[8] A.a.O., 198–202.

weiß nicht, ob mein Privattelefon abgehört wird, aber das ist unwichtig, im Augenblick kann ich Ihnen nicht mehr sagen, ich brauche Ihre Hilfe, Doktor Cardoso.

Sagen Sie mir, wie ich Ihnen helfen kann, sagte Doktor Cardoso.

Nun, Doktor Cardoso, sagte Pereira, morgen Mittag rufe ich Sie an, Sie müssen mir einen Gefallen tun, Sie müssen so tun, als wären Sie ein hohes Tier der Zensurbehörde, Sie müssen sagen, dass mein Artikel genehmigt worden ist, das ist alles.

Ich verstehe nicht, antwortete Doktor Cardoso.

Hören Sie zu, Doktor Cardoso, sagte Pereira, ich telefoniere von einem Café aus und kann Ihnen keine Erklärung geben ... Sie werden es aus der Abendausgabe der Lisboa erfahren, dort wird alles schwarz auf weiß stehen, aber Sie müssen mir einen großen Gefallen tun, Sie müssen behaupten, dass mein Artikel von Ihnen genehmigt worden ist, haben Sie verstanden, Sie müssen sagen, dass die portugiesische Polizei keine Angst vor Skandalen hat, dass sie saubere Hände hat und keine Angst vor Skandalen.

Ich habe verstanden, sagte Doktor Cardoso, morgen Mittag erwarte ich Ihren Anruf.

Pereira ging nach Haus zurück. Er ging ins Schlafzimmer und nahm das Handtuch vom Gesicht Monteiro Rossis. Er bedeckte es mit einem Laken.

Dann ging er ins Arbeitszimmer und setzte sich an die Schreibmaschine. Als Titel schrieb er: Journalist ermordet. Dann machte er einen Absatz und begann zu schreiben: »Er hieß Francesco Monteiro Rossi und war ... Mitarbeiter dieser Zeitung, für die er Artikel und Nachrufe verfasste. [...] Er war ein fröhlicher junger Mann, der das Leben liebte und stattdessen aufgefordert wurde, über den Tod zu schreiben, eine Aufgabe, der er sich nicht entzog. Und heute Nacht hat der Tod ihn ereilt.

Gestern Abend, als er mit dem Redakteur der Kulturseite der Lisboa, mit Doktor Pereira, dem Verfasser dieses Artikels, zu Abend aß, drangen drei bewaffnete Männer in dessen Wohnung ein. Sie gaben sich als Geheimpolizei aus, wiesen jedoch keinen Ausweis vor, der ihre Angaben bestätigt hätte. Der Verfasser dieses Artikels neigt zu der Annahme, dass es sich nicht um echte Polizisten handelte, weil sie in Zivil waren und weil er hofft, dass die Polizei dieses Landes nicht zu solchen Methoden greift.

Es waren Verbrecher. Sie wurden angeführt von einem kleinen dünnen Mann mit Schnurrbart und Spitzbart, den die anderen mit »Kommandant« ansprachen. [...] Während der kleine Dünne den Verfasser dieses Artikels mit der Pistole bedrohte, schleppten die beiden anderen Monteiro Rossi ins Schlafzimmer, um ihn zu verhören, wie sie selbst es nannten. Der Verfasser dieses Artikels hörte Schläge und unterdrückte Schreie. Dann sagten die beiden Männer, sie hätten ihre Arbeit getan. Die drei verließen rasch die Wohnung des Verfassers dieses Artikels, wobei sie ihm mit dem Tod drohten, sofern er den Vorfall nicht für sich behalte.

Der Verfasser dieses Artikels begab sich ins Schlafzimmer und konnte nur noch den Tod des jungen Monteiro Rossi feststellen. Er war blutig geschlagen worden, und die Schläge, die ihm mit dem Schaft der Pistole zugefügt worden waren, hatten ihm den Schädel zertrümmert.

[...]

Wir fordern die zuständigen Behörden auf, ein waches Auge auf die Gewalttaten zu haben, die hinter ihrem Rücken und vielleicht im Einvernehmen mit irgendjemandem zurzeit in Portugal verübt werden.«

Pereira machte einen Absatz, und darunter, rechts, schrieb er seinen Namen: Pereira. Er zeichnete nur mit Pereira, denn so kannten ihn alle, unter seinem Zunamen, mit dem er viele Jahre lang alle seine Lokalberichte gezeichnet hatte. [...] Pereira streckte sich in einem Sessel aus und schlief ein.

Einwurf

Ach Pereira!
Ich bin.
Ich habe mich nicht.
Ich werde.
Ich werde sein, der ich sein werde. –
Leben, das still steht, stirbt. Und die Fragen, sind sie erst einmal gestellt, lassen dich nicht mehr.
Was ist Freiheit und Gerechtigkeit?
Was ist Gleichheit, die Individualität belässt?
Wo wird Leitung und Macht zur Herrschaft?
Wo das Schöngeistige zur Lüge angesichts der Brutalität in der Welt?
Wer hat diese Fragen nur in unser Herz gelegt? Du etwa, Ewiger, du, ich werde sein, der ich sein werde?
Ich will zurück. In mein Schneckenhaus.
Kein Zurück mehr möglich.
Ich bin. Ich habe mich nicht. Ich werde. Was bleibt, sind die Fragen und das immer wieder neu Werden. Weiter ins Offene! Unheimlich ist das.
Und wenn ich irre? Wenn ich irre?

Lesung[9]

Als er aufwachte, war es bereits spät am Tag, und er sah erschrocken auf die Uhr. Er habe gedacht, dass er sich beeilen müsse, erklärt ... [Pereira]. Er rasierte sich und wusch sich das Gesicht mit kaltem Wasser.

[...] dann ging er hinaus und nahm ein Taxi, um in die Druckerei zu fahren. Als er ankam, traf er den Faktor an, der völlig außer Atem war. Die Zeitung geht in einer Stunde in Druck, Doktor Pereira, sagte der Faktor.

9 A.a.O., 202–207.

[...] ich habe hier einen Artikel, der ans Ende der Kulturseite gehört, es ist ein Nachruf. Pereira hielt ihm das Blatt hin, der Faktor las es und kratzte sich am Kopf.

Doktor Pereira, sagte der Faktor, das ist eine sehr heikle Angelegenheit, Sie bringen mir das im letzten Augenblick und ohne Sichtvermerk der Zensur, ich habe den Eindruck, hier geht es um sehr schwerwiegende Dinge.

Hören Sie, Herr Pedro, sagte Pereira, wir kennen uns seit fast dreißig Jahren, ... habe ich Ihnen je Schwierigkeiten bereitet? Das haben Sie nicht, antwortete der Faktor, aber inzwischen haben sich die Zeiten geändert, es ist nicht mehr wie früher, jetzt gibt es diese ganzen bürokratischen Verfahrensweisen, und ich muss sie respektieren, Doktor Pereira.

Hören Sie zu, Herr Pedro, sagte Pereira, ich habe die Genehmigung von der Zensurbehörde mündlich bekommen, vor einer halben Stunde habe ich von der Redaktion aus angerufen und mit dem Major Lourenco gesprochen, er ist einverstanden ... Hören Sie, schlug Pereira vor, das Beste ist, direkt die Zensurbehörde anzurufen, vielleicht gelingt es uns, mit Major Lourenco zu sprechen. Mit Major Lourenco, rief der Faktor aus, als ob er Angst vor diesem Namen hätte, direkt mit ihm? Er ist ein Freund von mir, sagte Pereira mit gespielter Gelassenheit, heute Morgen habe ich ihm meinen Artikel vorgelesen, er ist völlig einverstanden, ich spreche jeden Tag mit ihm, Herr Pedro, das ist meine Arbeit.

Pereira nahm das Telefon und wählte die Nummer der Klinik ... in Parede. Er hörte die Stimme von Doktor Cardoso.

Hallo, Major, sagte Pereira, hier spricht Doktor Pereira von der Lisboa, ich bin hier in der Druckerei, um den Artikel unterzubringen, den ich Ihnen heute Morgen vorgelesen habe, aber der Drucker zögert, weil Ihr Stempel fehlt, versuchen Sie, ihn zu überzeugen... Er hielt dem Faktor den Hörer hin und beobachtete ihn, während er sprach. Herr Pedro begann zu nicken. Gewiss, Herr Major, sagte er, einverstanden, Herr Major. Dann legte er auf und sah Pereira an.

Und? fragte Pereira. Er sagt, dass die portugiesische Polizei keine Angst vor derartigen Skandalen hat, sagte der Faktor, dass Verbrecher herumlaufen, die angezeigt gehören, und dass Ihr Artikel heute erscheinen muss, Doktor Pereira, das hat er mir gesagt. [...]

[Pereira] überließ Herrn Pedro seinen Artikel und ging. Er fühlte sich erschöpft und verspürte einen großen Aufruhr in seinen Gedärmen. Er beschloss, im Café an der Ecke ein Sandwich zu essen, bestellte aber stattdessen nur eine Limonade. Dann nahm er ein Taxi und ließ sich bis zur Kathedrale bringen.

Er betrat vorsichtig seine Wohnung, weil er Angst hatte, jemand könnte auf ihn warten. Aber in der Wohnung war niemand, nur eine große Stille. Er ging ins Schlafzimmer und warf einen Blick auf das Laken, das die Leiche Monteiro Rossis bedeckte.

Dann nahm er einen kleinen Koffer und packte das Nötigste. [...] [Er] nahm das Bild seiner Frau. Dich nehme ich mit, es ist besser, wenn du mitkommst. Er legte es mit dem Gesicht nach oben, damit es gut atmen konnte. Dann sah er sich um und warf einen Blick auf die Uhr.

Es war besser, wenn er sich beeilte, die Lisboa würde bald erscheinen, und er hatte keine Zeit zu verlieren, erklärt Pereira.

Stille

Stimme aus dem Off

2. Mose 3

Gott:
Mose, geh nun hin, ich will dich zum Pharao senden, damit du mein Volk, die Israeliten, aus Ägypten führst.

Mose:
Wer bin ich, Adonai Gott, dass ich zum Pharao gehe und führe die Israeliten aus Ägypten?

Gott:
Ich will mit dir sein.

Mose:
Siehe, sie werden mir nicht glauben und nicht auf mich hören, sondern werden sagen: Der HERR ist dir nicht erschienen.

Gott:
Sie werden glauben, dass dir erschienen ist der Gott ihrer Väter, der Gott Abrahams, der Gott Isaaks, der Gott Jakobs.

Mose:
Ach, Adonai Gott, ich bin von jeher nicht beredt gewesen, auch jetzt nicht, seitdem du mit deinem Knecht redest; denn ich habe eine schwere Sprache und eine schwere Zunge.

Pause

Jeremia 1

Gott:
Ich, Adonai Gott, kannte dich, Jeremia, ehe ich dich im Mutterleibe bereitete, und sonderte dich aus, ehe du von der Mutter geboren wurdest, und bestellte dich zum Propheten für die Völker.

Jeremia:
Ach, HERR, ich tauge nicht zu predigen; ich bin zu jung.

Pause

Hesekiel 3

Gott:
Hesekiel, Du Menschenkind, geh hin zum Hause Israel und verkündige ihnen meine Worte.

Hesekiel:
Aber das Haus Israel will dich, Adonai Gott, nicht hören, denn sie wollen mich nicht hören; denn das ganze Haus Israel hat harte Stirne und verstockte Herzen.

Pause

Jona 1

Erzähler:
Gott sprach zu Jona:

Gott:
Jona, mache dich auf und geh in die große Stadt Ninive und predige wider sie; denn ihre Bosheit ist vor mich gekommen.

Erzähler:
Aber Jona machte sich auf und wollte vor dem HERRN nach Tarsis fliehen und kam hinab nach Jaffo. Und als er ein Schiff fand, das nach Tarsis fahren wollte, gab er Fährgeld und trat hinein, um mit ihnen nach Tarsis zu fahren und dem HERRN aus den Augen zu kommen.

Lied Lass uns den Weg der Gerechtigkeit gehn (EG West 675,1–4)

Fürbittengebet

Vaterunser

Vater unser im Himmel.
Geheiligt werde dein Name.
Dein Reich komme.
Dein Wille geschehe,
wie im Himmel, so auf Erden.
Unser tägliches Brot gib uns heute.
Und vergib uns unsere Schuld,
wie auch wir vergeben unsern Schuldigern.
Und führe uns nicht in Versuchung,
sondern erlöse uns von dem Bösen.
Denn dein ist das Reich
und die Kraft
und die Herrlichkeit in Ewigkeit.

Amen.

Segen

Gott, segne uns.
Du schickst uns in die Welt – behüte uns.
Du gibst uns Aufgaben – lass dein Angesicht über uns leuchten.
Wir versagen – sei uns gnädig.
Wir fühlen uns immer wieder allein – erhebe dein Angesicht auf uns
und gib uns und der Welt Frieden.
Amen.

Musik zum Ausgang

Burkhard Weitz

Laudatio[1]

»Ach Pereira! … Langsam durch die Stadt schlendern ohne Termindruck, sich einfach ins Lokal setzen, was trinken, muss ja nicht Limonade sein, die Zeitung. Du hast es gut! Den alltäglichen Wahnsinn distanziert betrachten. Luxusfragen bedenken: Wie ist das mit der Auferstehung des Fleisches? Lächelnd angewidert sein angesichts der eigenen Fleischeslast.«

Der Kulturjournalist Pereira ist die Hauptfigur in dem Roman »Erklärt Pereira« des italienischen Schriftstellers Antonio Tabucchi (erstmal 1995 auf deutsch im Hanser-Verlag erschienen). Der Roman ist im Stil einer Selbstrechtfertigung geschrieben. Der bequem gewordene Journalist im Lissabon des Jahres 1938, im Jahre 10 der Salazar-Diktatur, erklärt, wie er seine Frau geliebt hat. Sie ist gestorben, und nun spricht er Tag für Tag mit ihrem Porträtfoto.

Pereira erklärt, wie er zum Pfarrer geht, weil er sich die Auferstehung des Fleisches nicht vorstellen kann und mag. Wie ihm der Pfarrer von dem Mann aus dem Alentejo erzählt, den sie auf seinem Fuhrwerk umgebracht haben. Von den Streiks in der Stadt. Der Pfarrer sagt ihm: *»In welcher Welt lebst du denn, Pereira. Du, der du in einer Zeitung arbeitest, hör mal Pereira, informier dich doch ein wenig.«* Pereira erklärt, wie die Verhältnisse und das Engagement eines jungen Kollegen ihn immer mehr in die Politik hinein ziehen. Der Unpolitische wird zum Zeitzeugen. Pereira ergreift eine eigene Position.

Die Theologen Hans Große und Martin Hülsenbeck und die Pädagoginnen Susanne Große und Claudia Hülsenbeck aus der Stephanuskirche in Bielefeld-Gadderbaum stellten Tabucchis politischen Roman in einem Ihrer Literaturgottesdienste vor. In einem aus einer ganzen Reihe von Literaturgottesdiensten, in denen das Team theologisches Denken und literarische Werke miteinander ins Gespräch bringen will.

Die Jury für den »Gottesdienstpreis der Stiftung zur Förderung des Gottesdienstes« hat diesen Gottesdienst ausgewählt für den Gottesdienstpreis des Jahres 2014 – aus 26 in Papierform eingesandten Gottesdiensten. Herzlichen Glückwunsch!

[1] Während der Pfarrkonferenz des Stadtkirchenkreises Bielefeld am 10. Dezember 2014.

Uns, der Jury, gehören Gottesdienstpraktiker, -beobachter und -kritiker aus Universität, kirchlicher Praxis, aus dem kirchlichen Fortbildungsbereich, aus kirchlichen Leitungsämtern sowie aus Presse und Verlagswesen an. Wir haben diese 26 Gottesdienstabläufe gelesen, haben unterschiedliche konzeptionelle Überlegungen kennengelernt, haben liturgische Texte samt Predigten studiert, haben anhand von Grundrissen nachzuvollziehen versucht, was in dem Gottesdienst geschah. Wir waren ja nicht dabei.

Keiner von uns hatte mit dieser konzeptionellen Vielfalt gerechnet. Aus Recklinghausen erreichte uns ein Literaturgottesdienst, der alle Sinne anspricht: mit Düften, mit Speisen, die zur ausgewählten Literatur passen, mit passender Live-Musik und genau überlegten Sprecherwechseln. Er erhält einen Sonderpreis. Aus Hamburg erreichte uns ein Gottesdienst über Theodor Storms Novelle »Der Schimmelreiter«, Thema: Der brüchige Deich der Menschlichkeit. Eine fesselnde Reflexion über einen, der zum Sündenbock gemacht wird, an dem sich die Aggression der Vielen entlädt.

Unter den Einsendungen fanden sich einfühlsame Verwebungen von Poesie und biblischer Prophetie. Es fanden sich Gedenkgottesdienste mit literarischen Verarbeitungen historischer Ereignisse. Andere Prediger haben Romane nacherzählt, eine Predigerin sogar in Gedichtform. Wieder andere stellten Bücher mit religiösen und biografischen Motiven vor. Es gab Krimigottesdienste, Gottesdienste über Autoren, sogar einen über ein Bilderbuch. Ein katholischer Priester predigte über Wolfgang Borchert, und ein Emeritus referierte im Stil einer literaturwissenschaftlichen Vorlesung.

Zu allen diesen Gottesdiensten lagen uns konzeptionelle Überlegungen vor, Ablaufpläne und die im Gottesdienst vorgetragenen Texte. Wir beurteilten sie nach theologischem Gehalt, ästhetischer und sprachlicher Qualität, Dramaturgie und Gestaltung des Gottesdienstes, Erschließung der Literatur für die anwesende Gemeinde sowie nach dem Maß, in dem das Eigenrecht der Literatur gewahrt bleibt.

Über die theologische, ästhetische und sprachliche Qualität des von den Ehepaaren Große und Hülsenbeck eingesandten Entwurfs muss ich keine großen Worte verlieren. Diese Qualität erschließt sich von selbst. So schreiben die Gadderbaumer in ihren konzeptionellen Vorüberlegungen: *»Theologisches Denken und Literatur begegnen sich bei uns als gleichwertige Partner. Deshalb lassen wir das Buch mit längeren Textpassagen zu Wort kommen.«* Zudem bemühen sie sich, *»das Buch nicht für ein Thema zu instrumentalisieren!«* Tatsächlich wahrt der eingesandte Gottesdienst in überzeugender Weise das Eigenrecht der Literatur.

Helmut Wöllenstein, Propst des Sprengels Waldeck und Marburg und wie auch ich ein Jurymitglied, verwies mich auf die 1971 erschienene Predigtlehre des praktischen Theologen Rudolf Bohren. Er hielt damals fest: Der Prediger könne die Dichtung nur inkonsequent heranziehen, ihre Texte lediglich als Gebrauchstexte nehmen. Und gerade deshalb fordert Bohren ein hohes Maß an Sensibilität für den Einsatz von Literatur im Gottesdienst. Auf keinem Fall dürfe der Prediger die Dichtung dem Zweck seiner Predigt ganz und gar unterordnen.

Antonio Tabucchi hat seinen Roman einmal in einem Interview als Parabel auf seine Heimat Italien während der Amtszeit von Ministerpräsident Silvio Berlusconi gedeutet. Auf ein Land, das Bürgerwehren autorisiert und Immigration als Verbrechen bezeichnet, so sagte es der Autor. Dagegen sei es an der Zeit aufzubegehren.

Doch ebenso könnte Pereira einer von uns sein – im Kirchenkreis Bielefeld, in der Bundesrepublik Deutschland – im Jahre 25 nach dem Fall des Eisernen Vorhangs, im Jahre 13 nach den Attentaten des 11. September, im Jahre 3 des syrischen Bürgerkriegs.

Dieser Pereira liebt seine Familie. Er bemüht sich, friedlich mit seinen Nachbarn zusammenzuleben. Er gestaltet seine Karriere oder auch seine Freizeit als Ruheständler, sein kleines bürgerliches Glück. Und plötzlich hört er in den Nachrichten von den Flüchtlingen, die in Berlin auf den Plätzen kampieren. Von den Iranern in Würzburg, die sich den Mund zunähen. Und dann ziehen Tausende Jesiden durch seine Stadt, durch Bielefeld. *»In welcher Welt lebst du denn«*, sagt ihm, dem Pereira des Jahres 2014, die innere Stimme. Sie drängt sich ihm förmlich auf. *»Du, der du dich in einer Kirchengemeinde engagierst, hör mal Pereira, nimm doch mal ein wenig Anteil.«*

So könnte es sein. Aber Susanne und Hans Große und Claudia und Martin Hülsenbeck verzichteten in ihrem Gottesdienst auf solche Zuschreibungen. Sie überlassen jede Übertragung der Phantasie ihrer Gottesdienstgemeinde – wie auch Antonio Tabucci im Roman selbst jede Anspielung aufs Jetzt unterlässt. Der Literaturgottesdienst in der Stephanuskirche politisierte nicht in eine bestimmte Richtung. Pereira blieb auch hier ein Mensch auf der Bruchlinie zwischen Resignation und dem Impuls zur prophetischen Tat.

Der Mensch zwischen der Hingabe ans Private und der Hingabe für den bedrückten Fremden. Der Mensch zwischen Abkehr und Umkehr, zwischen altem und neuem Adam – das ist ein Thema der Passionszeit. Mit Paul Tillich könnte man sagen: Hier wird Literatur auf ihre religiöse Tiefendimension durchsichtig gemacht, hier wird herausgearbeitet, was an diesem Roman *»uns unbedingt angeht«*. Und das überzeugte die Jury. Ebenso überzeugten Dramaturgie und Gestaltung des Gottesdienstes. In ihr wurden theologische Impulse mit der Literatur ins Gespräch gebracht.

Als erstes erklang – noch vor dem Orgelvorspiel – eine Stimme aus dem Off: Gott ruft Mose. Er sendet ihn zum Pharao – doch Mose sträubt sich. Gott ruft Jeremia, Hesekiel und Jona. Sie alle bringen gute

Gründe vor, sich nicht in Gottes Dienst zu stellen. Sie wollen schweigen, wo vom Unrecht zu reden ist.

Mit wenigen Worten führte Hans Große die Gemeinde dann zum Thema hin. *»Gib, dass ich tu mit Fleiß, was mir zu tun gebühret«*, sang darauf die Gemeinde. *»Hilf, dass ich rede stets, womit ich kann bestehen.«* Sie sang: *»Kehret um«* und: *»Ich rede, wenn ich schweigen sollte«*. Noch einmal hört sie die Stimmen aus dem Off. Dann der literarische Teil: Martin Hülsenbeck saß an einem Tisch auf einem kleinen Bühnenelement vorne rechts neben dem Altarbereich. Er trug eine Weste, ein Oberhemd und Krawatte. So las er aus dem Roman vor. Denn alles, was dort steht, ist Pereiras Zeugenaussage – ein literarischer Trick, um das Erzählte real erscheinen zu lassen: Pereira erklärt sich.

Im Gadderbaumer Literaturgottesdienst war dies ähnlich inszeniert wie in einer Verfilmung des Romans mit Marcello Mastroianni in der Hauptrolle. Sechs Lesungen, dazwischen Musik zur Entspannung und – Besinnungstexte. »Einwürfe«, sagen die Ehepaare Große und Hülsenbeck dazu. Keine Predigt.

Warum der noch unpolitische Pereira zum politisch engagierten Pfarrer geht und sich die Beichte abnehmen lässt, fragten sie im ersten Einwurf. Er hätte doch ebenso in die Badewanne steigen können. Und weiter: *»Pereira, du Narr, die Badewanne wäre besser gewesen. Jetzt hat es dich erwischt, wie eine Seuche. Eine Frage hat ausgereicht: In welcher Welt lebst du denn?«*

Der letzte Einwurf folgt auf Pereiras Entschluss zur politischen Tat, zur Auflehnung in der Diktatur, zur Opposition gegen die Todesmacht. *»Was ist Freiheit und Gerechtigkeit?«*, so heißt es in diesem Einwurf. *»Was ist Gleichheit, die Individualität belässt? Wo wird Leitung und Macht zur Herrschaft? Wo wird das Schöngeistige zur Lüge angesichts der Brutalität in der Welt?*

Wer hat diese Fragen nur in unser Herz gelegt? Du etwa, Ewiger, du ›ich werde sein der ich sein werde‹?

Ich will zurück. In mein Schneckenhaus. – Kein Zurück mehr möglich. Ich bin. Ich habe mich nicht. Ich werde. Was bleibt, sind die Fragen und das immer wieder neu Werden. Weiter ins Offene! Unheimlich ist das. Und wenn ich irre? Wenn ich irre?« Ende des Zitats.

Pereira, der intellektuelle, abgeklärte und über allem erhabene Zeitgenosse, wird hier zur Symbolfigur für den Protestierenden, den der lähmende Zweifel plagt: Übertreibe ich? Leben wir nicht gut mit dem Kompromiss? Ist Widerstand überhaupt angebracht?

Sie als engagierte Protestanten aus dem Kirchenkreis Bielefeld kennen vermutlich beides. Wenn Sie Flüchtlinge bei sich aufnehmen oder ihnen Bürgschaften geben. Und sicherlich auch aus Ihrer interreligiösen Arbeit. Sie werden Mut und Zweifel kennengelernt haben, als zwischen

2007 und 2008 die frühere Paul-Gerhardt-Kirche gegen viele Widerstände – auch innerkirchliche – in die Synagoge Beit-Tikwa umgewidmet wurde. Sie werden Mut und Zweifel gespürt haben, als Sie sich mit Tausenden Bielefelder Bürgern am Heiligabend 2011 den 70 Neonazis entgegenstellten, die die Stadt zu ihrer Bühne machen wollten. Und als die rechte Szene einigen von Ihnen daraufhin Gewalt androhte.

Ein drittes Mal erklang im Gottesdienst die Stimme aus dem Off gegen Ende. Gott sprach wieder und wieder zu den zögerlichen Propheten. Und die Gemeinde sang: »Lasst uns den Weg der Gerechtigkeit gehn.« Das Gottesdienstteam aus der Stephanuskirche in Gadderbaum heroisierte den Weg der Gerechtigkeit nicht. Auch Pereira hat ja gute Gründe, seinen Mund noch nicht aufzutun und noch nicht für die Stummen zu sprechen. Er trauert um seine Frau und ist vor allem deshalb resigniert und zurückgezogen. Auch dies kann eine Form der Hingabe sein, daran erinnert Ulrike Wagner-Rau, Marburger Professorin für Praktische Theologie, ebenfalls ein Jury-Mitglied. Erst die Sympathie mit dem gefährdeten Menschen holt Pereira wieder ins Leben zurück und bewegt ihn, sich selbst und seine Sicherheit aufs Spiel zu setzen.

Das Gottesdienstteam aus Gadderbaum reflektiert dieses Zögern. *»Mose, geh hin«*, sagt die Stimme aus dem Off. Und Mose antwortet: *»Wer bin ich, Adonai, Gott?«* Wer bin ich, die Frage wird in die Gemeinde zurückgespiegelt. Wer sind wir, dass wir ein Risiko eingehen und für das Recht der Schwachen eintreten? Wer sind wir, dass wir die gesicherten Bahnen unserer Existenz verlassen?

Der prämierte Literaturgottesdienst beschreibt theologisch die Bruchstelle zwischen todbringender Lähmung und Auferstehung.
Auch deswegen prämiert die Jury der »Stiftung zur Förderung des Gottesdienstes« diesen Gottesdienst mit dem Preis für den besten Literaturgottesdienst.

Herzlichen Glückwunsch an die Stephanuskirche der Martinigemeinde in Bielefeld-Gadderbaum. Gottes Segen für Ihre weitere Arbeit, und natürlich auch für die weitere Arbeit all derer, die im Lande Literatur und Gottesdienst ins Gespräch bringen.

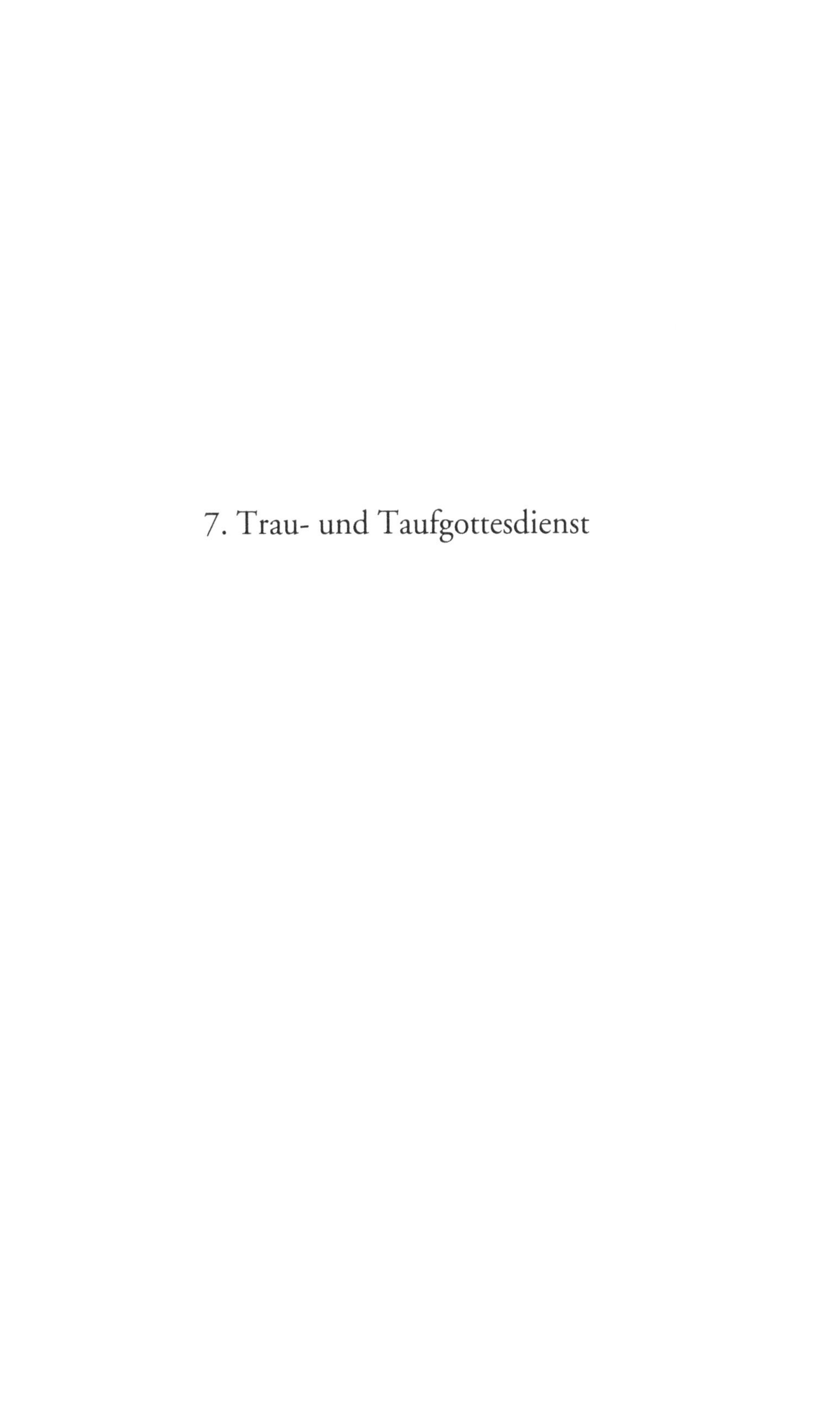

7. Trau- und Taufgottesdienst

Lisa Neuhaus

Der Trau- und Taufgottesdienst »Wenn die Königin von Saba Windeln wechselt«

gefeiert in der Epiphaniaskirche in Frankfurt am Main im August 2015

Orgelvorspiel

G.F. Händel: Ankunft der Königin von Saba

Einzug

Begrüßung mit Votum

In diesem Gottesdienst feiern wir das Leben und die Liebe zwischen zwei Menschen,
zwischen euch beiden, Nina und Sascha.
Und wir feiern die Taufe von Timo, Frucht eurer Liebe und Gottes Geschenk für euch.
Das tun wir hier in der Kirche im Namen Gottes:
von Gott geschaffen als Männer und als Frauen,
von Gott beschenkt mit der Sehnsucht nach Liebe und Treue
wie nach Kindern als Frucht unserer Liebe,
von Gott gesegnet: an diesem Festtag wie im Alltag der Liebe.
Im Namen des Vaters und des Sohnes und des Heiligen Geistes.
Amen.

In diesem Sinn begrüße ich Sie alle hier in der Epiphaniaskirche in Frankfurt am Main.
Zuallererst euch beide, Sascha und Nina,
die ihr den Anlass zum Fest gebt.
Ihr habt es lange vorbereitet und dabei wirklich an alles gedacht.
Dabei ist die Vorfreude immer größer geworden und die Aufregung natürlich auch.
Jetzt ist es soweit!
Ich begrüße eure Eltern und Geschwister und alle Verwandten,
ganz besonders auch die Älteste unter uns: Saschas Großmutter, also Timos Urgroßmutter.
Ich begrüße Timos Patin Sandra und eure Trauzeugen Doro und Marvin,
eure Freundinnen und Freunde:
Alle, die heute mit euch feiern, dass ihr beide euch gefunden habt und dass Timo da ist.

Nicht alle, die ihr gern dabei hättet, können heute da sein.
Manche aus der Familie sind nicht mehr da und ihr vermisst sie,
besonders Ninas Großmutter Hildegard.
Andere konnten nicht kommen:
etwa deine Gastmutter Judy aus den USA, Nina,
die jetzt bestimmt an euch denkt.
Im Raum der Kirche finden wir auch Verbindungen zu denen, die uns fehlen – zum Beispiel, wenn wir beten.
Das tun wir jetzt.

Gebet

Gott, hier sind wir, in dieser Kirche, in deinem Haus.
Wir sind hier mit allem, was an diesem besonderen Tag in uns ist:
Freude und Aufregung, Rührung und Hoffnung.
Bei dir ist das alles gut aufgehoben.
Auch unsere Wehmut, wenn wir an die denken, die uns fehlen.
Bitte sei jetzt da, Gott,
dass wir Nina und Sascha nicht nur unseren Segen,
sondern auch deinen Segen mitgeben können,
und dass Timo in der Taufe mit dir verbunden wird.
Bitte sei jetzt da, Gott. Mit deiner Liebe und mit deinem Schutz.
Amen.

Lied Lobe den Herren, den mächtigen König der Ehren (EG 316,1.4)

Zum Feiern in der Kirche gehört das gemeinsame Singen.
Die Lieder sind ja alle im Programm abgedruckt.
Es wäre schön, wenn sich viele trauen mitzusingen.
Das kommt dann hier vorne bei Nina und Sascha buchstäblich rückenstärkend an.

1. TEIL: TRAUUNG

Lesung (Prediger 4,9–12)
Ich lese Worte aus der Bibel:

Zwei sind ja besser dran als einer,
sie haben einen guten Lohn für ihre Mühe.
Wenn sie fallen, kann einer dem Gefährten aufhelfen.
Weh dem, der allein ist, wenn er fällt.
Dann ist keine da, die ihm aufhilft.

Wenn zwei beieinander liegen, wärmen sie sich.
Wie kann ein einzelner warm werden?
Einer mag überwältigt werden.
Aber zwei können widerstehen
und eine dreifache Schnur reißt nicht leicht entzwei.

Ansprache

Liebe Nina, lieber Sascha!
JA habt ihr beide schon längst zueinander gesagt.
Gestern in aller Form auf dem Standesamt,
also vor der Instanz des Staates zur Regelung privater Lebensverhältnisse.
Der Staat hat das ja gern, wenn unsere Lebensverhältnisse geordnet sind und nicht völlig privat bleiben …
Das entscheidende Ja gab es allerdings schon früher, und das war erst einmal ganz privat:
Als ihr euch entschieden habt, zusammen zu bleiben und zusammen zu leben.
Das war beim Pizzaessen. Es musste kein besonders romantischer oder exotischer Rahmen sein, Ja sagen kann man auch in einer alltäglichen Situation und dabei dann doch die ganz großen Gefühle erleben.
JA, Nina, hätte Sascha sagen können: Mit dir will ich mein Leben verbringen.
Mit dieser strahlenden, offenen Frau, mit der ich es einfach gut habe.
So wie es in eurem Lied von »Silbermond« heißt:
»Ich habe einen Schatz gefunden, und er trägt deinen Namen,
so wunderschön und wertvoll, von keinem Geld der Welt zu bezahlen.«
Und Nina hätte sagen können: JA, Sascha, mit dir will ich für immer zusammen bleiben.
Mit diesem aufrichtigen und zugewandten Mann, auf den ich mich immer verlassen kann.
Und wieder mit »Silbermond«:
»Du bist das Beste, was mir je passiert ist, es tut so gut, wie du mich liebst. Es ist so schön, dass es dich gibt.«
Ja! Ja zueinander, zur Liebe und zum Leben. Dafür habt ihr euch längst entschieden.
Zu dieser engen Verbindung, so eng wie eure Initialen, N und S, im »Logo« auf dem Programm ineinander gefügt sind.
»Du bist das Beste, was mir je passiert ist, es tut so gut, wie du mich liebst.«
Aus eurem JA zueinander wurde dann im Januar 2014 Timo Felix geboren, euer geliebtes Wunschkind. An Timo hat inzwischen die ganze Großfamilie ihre Riesenfreude.

Und unser Gespräch zur Vorbereitung für diesen Gottesdienst hat er toll mitgemacht und bereichert. Ich habe euch dabei als liebevolle und wunderbar unaufgeregte Eltern erlebt.

Jetzt seid ihr hier und sagt ein weiteres Mal JA zueinander:

Vor all diesen Menschen aus Familie und Freundeskreis, die zu euch gehören und euer Leben reich machen, die für euch ein Segen sind, so wie ihr für sie.

Für diejenigen unter uns, die mit der Kirche verbunden sind, ist das auch ein JA vor Gott.

Durch euer JA zueinander kommen ganz verschiedene Welten zusammen:

Nina ist hier aufgewachsen und heimisch.

Für dich war ein Jahr in den USA eine schöne Unterbrechung, die dich bereichert hat.

Du kommst aus einer Großfamilie, in der Glauben und Kirche für die meisten einfach dazugehören. Du bist oft und gern mit deinem Opa zum Gottesdienst gegangen.

Für dich und deinen Glauben ist es ganz wichtig, dass ihr in der Kirche heiratet.

Dass ihr also außer dem Segen von Familie und Freunden, von uns allen hier, auch Gottes Segen bekommt, und dass Timo getauft und in die Gemeinschaft der Kirche aufgenommen wird.

Du, lieber Sascha, mit deiner großzügigen und toleranten Art – so habe ich dich kennengelernt –, du bist bereit, das mitzumachen.

Nicht notgedrungen oder gezwungen, sondern einfach aus Liebe zu Nina.

Du bist ja in Magdeburg ganz anders aufgewachsen und bringst eigene Prägungen mit, nicht nur in der Sprache …

Und du sagst: Die Werte, die du im christlichen Glauben erkennst, die kannst du durchaus teilen, und sie sind dir wichtig, auch für Timo. Vor allem die Taten der Liebe.

In eurer Großfamilie habt ihr ja eh inzwischen viel Übung darin, mit vielfältigen Prägungen zu leben.

Dass ihr beide verschieden sein und bleiben dürft, das zeigt sich heute auf besondere Art:

Ihr werdet nachher auf meine Frage zur Trauung verschiedene Antworten geben.

Ihr sagt beide JA zu einander.

Nina wird sagen: »JA, mit Gottes Hilfe.«

Und du, Sascha, hast dich für »JA, ich will« entschieden, für eine Antwort also, die nichts Aufgesetztes hat, sondern für dich stimmt.

Die Art, wie ihr beide zueinander steht und den anderen so lassen könnt, wie er, wie sie ist, das ist die beste Grundlage für eure Ehe.

Und ich bin sicher: Ohne diese Art von Toleranz und Freude an der Vielfalt würde es für Timo und seine Generation in Zukunft ziemlich schwer werden mit dem Zusammenleben.

Was euch wichtig ist für euer gemeinsames Leben und für Timo, das drückt auf's Schönste der Trauspruch aus der Bibel aus, den ihr euch ausgesucht habt: »**Alles, was ihr tut, soll von der Liebe bestimmt sein.**«

Alles, was ihr tut, was ein Mensch ist und was ihn treibt, das kommt vor allem in Taten zum Ausdruck. Im Helfen und Beistehen, im gemeinsamen Lachen und Freuen, im Dasein füreinander und für andere. Bei euch soll dieses Tun von der Liebe bestimmt sein.

Von dieser Lebenskraft, die wir in der Kirche als Gottesgeschenk ansehen.

Von dieser großen Kraft, die euch beide fest verbindet und der sich auch Timo anvertraut.

Die Liebe, die sich bei uns allen im Lauf des gemeinsamen Lebens wandeln wird und wandeln muss, weil wir ja nicht stehen bleiben, weil auch ihr beide euch verändern werdet und doch verbunden bleibt.

»Ich habe einen Schatz gefunden«. Und einen Schatz gibt man in der Regel nicht mehr her.

Alles, was ihr tut, soll von der Liebe bestimmt sein.

Ja, mit Gottes Hilfe soll das so sein. Das wünsche ich euch von Herzen.

Und Gott? Gott freut sich an euch und eurer Liebe.

Amen – ja, so soll es sein.

Lied Herr, deine Liebe (nach EG HE 610)

Herr, deine Liebe ist wie Gras und Ufer,
wie Wind und Weite und wie ein Zuhaus.
Wir sind nun hier, um vor dir Ja zu sagen,
ja, nur mit diesem Menschen möcht' ich geh'n.
Herr, deine Liebe ist wie Gras und Ufer,
wie Wind und Weite und wie ein Zuhaus.

Du schenkst uns Flügel, doch jedem nur einen;
erst, wenn wir lieben, fliegen wir zu zweit.
Wir sind verbunden und doch frei zu leben,
stets bleibt uns Ja zu sagen oder Nein.
Herr, deine Liebe ist wie Gras und Ufer,
wie Wind und Weite und wie ein Zuhaus.

Wir möchten Freiheit und sie auch gern schenken,
dennoch als Paar durch unser Leben geh'n.
Gib deinen Segen zu all diesen Wegen,
Segen, der uns durch Höhn und Tiefen trägt.
Herr, deine Liebe ist wie Gras und Ufer,
wie Wind und Weite und wie ein Zuhaus.

Text: Frank Maibaum / Melodie L.A. Lundberg)

Schriftlesung (aus Genesis 2 und Markus 19)
Das Brautpaar kommt zum Altar, alle stehen auf

Vor eurem Ja hören wir Worte der Bibel.
Zuerst vom Anfang allen Lebens aus der Schöpfungsgeschichte:
Gott hat im Anfang die Menschen geschaffen
und schuf sie als Männer und als Frauen.
Und Gott sprach:
es ist nicht gut, dass Menschen allein seien.
Ich will ihnen ein Gegenüber geben, eine Hilfe zum Leben.
Und sie werden eins sein.
Und Jesus sagt:
Gott hat die Menschen im Anfang geschaffen
und schuf sie als Mann und Frau.
Die beiden werden Vater und Mutter verlassen und werden ein Fleisch sein.
Was nun Gott zusammenfügt,
das werden Menschen nicht scheiden.

Traufragen

Auf diese Zusage hin frage ich euch jetzt vor Gott und diesen Menschen:
Nina, willst du Sascha, den Gott dir anvertraut,
als deinen Mann lieben und achten,
Freude und Leid mit ihm teilen
und ihm die Treue halten, so lange ihr lebt,
bis der Tod euch scheidet,
dann antworte:
Ja, mit Gottes Hilfe.

Nina. Ja, mit Gottes Hilfe.

Und ich frage dich, Sascha:
Willst du Nina, die Gott dir anvertraut,
als deine Frau lieben und achten,

Freude und Leid mit ihr teilen
und ihr die Treue halten, so lange ihr lebt,
bis der Tod euch scheidet,
dann antworte:
Ja, ich will.

Sascha: Ja, ich will.

Euch alle, die ihr dieses zweifache Ja bezeugt, frage ich:
Seid ihr bereit, Sascha und Nina
auf ihrem gemeinsamen Weg auch weiterhin zu begleiten,
euch an guten Tagen mit ihnen zu freuen
und sie an schweren nicht im Stich zu lassen,
dann antwortet bitte auch mit Ja.

Alle: Ja.

Trausegen

Gebt einander jetzt die rechte Hand, damit ich euch segne:
Gott segne euch auf eurem gemeinsamen Weg.
Gott schütze eure Liebe und lasse euer Tun von Liebe bestimmt sein.
Gott schenke euch immer neu Lust und Freude aneinander.

Amen.

Ringwechsel

Ringe tragen wir als Zeichen besonderer Verbundenheit
und als Zeichen der Liebe, die nie aufhören möge.

Das Brautpaar steckt sich gegenseitig die Ringe an.

You may kiss the bride now …

Musik Das Beste (Silbermond)

2. TEIL: TAUFE

Hinführung

Jetzt dürfen wir Timo taufen.
Timo Felix: das Gottesgeschenk, den Glücklichen.
Die Uroma aus Bonn hat ihn noch kennengelernt und gemeint:
»Timo? So heißt doch bei uns keiner.«
Doch, jetzt heißt einer so, und Timo bringt ja auch sonst viel Neues in die Familie.

Ihr nehmt ihn wirklich als Geschenk, mit ganz viel Dankbarkeit.
Und er – so finde ich – kann von Glück sagen, dass ihr seine Eltern seid und dass er in euren Familien so geborgen ist.
Ihr wollt ihm als Eltern alles mitgeben, was er zum Leben braucht:
Liebe und Fürsorge, Bestärkung und Unterstützung, die Freude daran, dass er da ist.
Und auch die Verbindung zu Gott soll Timo stärken für seinen Weg ins Leben.
Das kommt im Taufspruch aus dem 121. Psalm zum Ausdruck,
den ihr für ihn ausgewählt habt:
Der Herr behüte dich vor allem Übel, er behüte deine Seele.
Behüten, was für ein schönes Wort!
Ein großer Hut, der vor Regen oder zu viel Sonne schützt!
Und dazu das alte Wort Übel.
Es bedeutet:
Alles, was unsere Seele, unseren innersten Kern verletzen will,
was uns verbiegen und klein machen will,
das alles soll mit Gottes Hilfe keine Macht über Timo gewinnen.
Der Herr behüte dich vor allem Übel, er behüte deine Seele.
So soll es sein: Timo möge behütet aufwachsen,
behütet von euch und eurer Liebe,
von der Geborgenheit in der Großfamilie und bei Freunden,
bei seiner Patin Sandra.
Und er soll von Gott behütet seinen eigenen Weg gehen,
gerade dann, wenn er eure Behütung nicht mehr braucht.
Von Gott, der stärker ist als alles Übel und Seele und Leben behütet.
Der Herr behüte dich vor allem Übel, er behüte deine Seele.
Ja, lieber kleiner Timo Felix.
Mögest du behütet deinen Weg gehen!

So soll es sein. Amen.

Schriftlesung (Matthäus 28,18–20)

Jesus Christus spricht:
Mir ist gegeben alle Gewalt im Himmel und auf Erden.
Gehet darum hin und macht zu Jüngern alle Völker:
Tauft sie auf den Namen des Vaters und des Sohnes
und des heiligen Geistes
und lehrt sie die Worte halten, die ich euch gesagt habe.
Und siehe, ich bin bei euch an allen Tagen bis an das Ende der Welt.

Eingießen des Wassers *(Pfarrerin mit Patin)*
Zur Taufe gehört das Wasser.

Wasser, wie wir es aus dem Alltag kennen.
Wasser, das reinigt und erfrischt.
Das Wasser des Lebens, das uns wachsen und mit Gott groß werden lässt.

Apostolisches Glaubensbekenntnis

Zur Taufe gehört das alte Glaubenskenntnis der frühen Christenheit, gewichtige schwere Worte, die wir immer gemeinsam sprechen.
Wer will, kann stellvertretend für Timo mitsprechen.

Fragen an Eltern und Patin und an die Gemeinde

Ich frage euch, Sascha und Nina als Eltern zusammen mit Sandra als Patin:
Wollt ihr, dass Timo Felix getauft wird auf den Namen des dreieinigen Gottes und wollt ihr dazu beitragen, dass er von Gott erfährt und behütet seinen Weg gehen kann, dann antwortet gemeinsam: Ja.

Eltern und Patin: Ja.

Ich frage euch alle, die ihr dieses dreifache Ja bezeugt:
Seid ihr bereit, Timo aufzunehmen in die Gemeinschaft der Getauften wie auch in die Gemeinschaft eurer Familien und des Freundeskreises?
Und seid ihr bereit, von ihm Neues zu lernen und mit ihm zu teilen, was euch trägt und Hoffnung gibt, dann antwortet auch ihr mit Ja.

Alle: Ja.

Taufe

Eltern und Patin kommen mit Timo zum Taufbecken, Patin hält ihn auf dem Arm.

Timo Felix, ich taufe dich auf den Namen des Vaters und des Sohnes und des heiligen Geistes.

Mit Kreuzzeichen auf die Stirn:

Der Friede Christi sei mit dir.

Mit Handauflegung:

Timo! »Der Herr behüte dich vor allem Übel, er behüte deine Seele.«

Segen für Eltern und Patin

Gott segne euch als Eltern und Patin, dass ihr gemeinsam mit Timo viel Neues entdeckt für euren Glauben und für euer Leben. Gott segne euch durch Timo und mit ihm.

Anzünden der Taufkerze an der Osterkerze (Patin)

Lied zum Zuhören: Mögen Engel dich begleiten (Jürgen Grote)
»Mögen Engel dich begleiten auf dem Weg, der vor dir liegt.
Mögen sie dir immer zeigen, dass dich Gott unendlich liebt.«

Überreichen von Bibel und Urkunden

Statt einer klassischen Traubibel wird als Geschenk der Gemeinde der Band »Engelgeschichten der Bibel« der Bibelgesellschaft überreicht sowie eine Kinderbibel.

Ansage zur Kollekte

Lied Geh aus, mein Herz (EG 503,1–3.13)

Fürbitten (Angehörige und Freunde/Freundinnen)

1. Sprecher(in): Danke für diesen Festtag, Gott.
Danke, dass Sascha und Nina sich gefunden haben, dass sie einander lieben und Timo geschenkt bekommen haben.

2. Sprecher(in): Segne und behüte sie auf ihrem gemeinsamen Weg.
Sei mit Timo und lass ihn in Liebe und Geborgenheit aufwachsen.
Behüte du seine Seele und lass ihn immer Menschen finden, die zu ihm halten.

3. Sprecher(in): Danke für alles, was Nina und Sascha erreicht haben auf ihrem Weg:
Ihre Ausbildungen und ihren Erfolg im Beruf, und danke dafür, dass sie so sind, wie sie sind.

4. Sprecher(in): Danke für alle, die Sascha und Nina bisher begleitet haben:
Eltern und Großeltern und Geschwister, Freunde und Freundinnen,
auch alle Verwandten und Freunde, die nicht mehr leben.
Danke, Gott, dass Nina und Sascha so viele Menschen haben,
die sie lieben und unterstützen.

3. Sprecher(in): Wir bitten dich für alle Paare, Gott,
für die, die es gut miteinander haben, und für die, die es gerade schwer haben.

4. Sprecher(in): Wir beten für alle Kinder, die zu uns gehören, die Kleinen und die Großen:
dass sie immer Menschen finden, die Zeit und Liebe für sie haben.

2. Sprecher(in): Wir beten für alle, die Krieg und Gewalt und Hunger ausgesetzt sind.
Lass uns mit Taten der Liebe helfen, wo wir können,
und lass uns großzügig sein mit dem, was wir haben.
Es kommt ja von dir, und du sorgst für uns.

1. Sprecher(in): So lass uns heute fröhlich feiern und genießen,
dass wir so viel Grund zur Freude haben.

Vaterunser

Vater unser im Himmel.
Geheiligt werde dein Name.
Dein Reich komme.
Dein Wille geschehe,
wie im Himmel, so auf Erden.
Unser tägliches Brot gib uns heute.
Und vergib uns unsere Schuld,
wie auch wir vergeben unsern Schuldigern.
Und führe uns nicht in Versuchung,
sondern erlöse uns von dem Bösen.
Denn dein ist das Reich
und die Kraft
und die Herrlichkeit in Ewigkeit.
Amen.

Segen

Orgelnachspiel zum Auszug

Ulrike Wagner-Rau

Laudatio[1]

Die »Traufe« war das Thema der diesjährigen Ausschreibung des Gottesdienstpreises der Stiftung zur Förderung des Gottesdienstes. »Traufe« – ein Kunstwort, zusammengezogen aus Trauung und Taufe. Entstanden ist dieser neue Gottesdienst aus der Verbindung von modernen Lebensformen mit traditionellen Sitten und Ritualen. Zwei Menschen fühlen sich schon lange zusammengehörig, haben ein gemeinsames Kind, und was zunächst nicht im Horizont der Lebensplanung lag, meldet sich nun auf einmal zu Wort: Das Paar heiratet, entscheidet sich für eine kirchliche Trauung, und ebenso soll das Kind getauft werden. Ein Fest wird gefeiert, bei dem drei Menschen im Mittelpunkt stehen: ein Paar und ihr Kind. Ein Gottesdienst, in dem zwei Anlässe zusammentreffen, die lebensgeschichtlich wie theologisch durchaus unterschiedliche Qualitäten haben: Die Taufe, das Sakrament der Annahme, das zugleich die Kirchenmitgliedschaft begründet, steht auf der einen Seite. Die Trauung, die eine Segnung des Paares aus Anlass ihrer Eheschließung darstellt, auf der anderen.

Traditionell wurden diese beiden Anlässe getrennt begangen: Erst kam die Hochzeit, dann die Kindstaufe. Aber in keinem anderen Handlungsfeld der Kirche bilden sich kulturelle und soziale Veränderungen so unmittelbar ab wie in der Praxis der lebensbegleitenden Gottesdienste, bei den sogenannten Kasualien. Wie vielfältig Biographien und Familiengeschichten heute verlaufen, wie wenig sie noch von Konventionen geprägt sind, das sieht man hier deutlich. Geheiratet wird vor allem, so empirische Studien, wenn ein Paar den Entschluss fasst, eine Familie zu gründen – oder dies eben bereits getan hat. Es ist uns völlig selbstverständlich geworden, dass Paare mit oder ohne Kinder ohne Trauschein zusammenleben.

Bei aller Individualisierung und Vervielfältigung der biographischen Muster zeigt sich zugleich, dass die Schwellen und Übergänge in der Lebensgeschichte Momente sind, in denen sich für viele Menschen der Gang in die Kirche nahelegt. Denn wenn das Leben sich ändert, dann entstehen Fragen danach, was das Dasein im Letzten trägt, welche Hoffnung Wege in die Zukunft eröffnet, was Sinn stiftet angesichts der Endlichkeit. Man weiß, dass der christliche Glaube mit den großen Existenzfragen umgeht. Man möchte die Worte der Pfarrerin oder des

[1] Während der Synode der Evangelischen Kirche in Hessen und Nassau am 25. November 2016.

Pfarrers hören, die die Lebenssituation theologisch auf eine besondere Weise deuten, man will den Segen empfangen, in dem die Zuwendung Gottes spürbar wird.

Kaum irgendwo sonst in ihrer Tätigkeit haben Pfarrer und Pfarrerinnen einen so intensiven Kontakt zu Menschen, die im kirchlichen Kontext sonst selten erscheinen, die aber in diesem Moment ihrer Geschichte mit einer hohen Erwartung und auch Empfänglichkeit kommen: Sie wollen verstanden und in ihrer Lebenssituation gewürdigt werden. Sie wollen einen passenden und schönen Gottesdienst erleben. Sie bringen eine Versammlung aus ihrem familiären und sozialen Umfeld mit, die so bunt zusammengesetzt ist wie keine andere Gottesdienstgemeinde. Aber ihre Erfahrung mit kirchlichen Ritualen ist begrenzt und ihre Beheimatung im christlichen Sprachspiel ebenso.

Diesen Menschen in einem Dialog auf gleicher Höhe zu begegnen, ist eine anspruchsvolle Aufgabe. Sie erfordert seelsorgliche Wahrnehmungsfähigkeit und Sensibilität. Sie braucht theologische Klarheit. Sie profitiert von einer verständlichen Sprache, die zugleich die poetischen Qualitäten aufweist, durch die Religiöses sich mitteilt. All diese Qualitäten sind in der Traufe, die Lisa Neuhaus gestaltet hat, vorhanden. Ob ein christlicher Gottesdienst auch Menschen ansprechen kann, die ihm mit innerem Abstand und ohne große Kenntnisse gegenübertreten, zeigt sich nicht zuletzt bei solchen Anlässen. Menschen für den Glauben hinzugewinnen, das haben wissenschaftliche Studien ergeben, kann man auch dann nur im Ausnahmefall. Aber es ist schon viel gewonnen, wenn einer breiteren Öffentlichkeit verständlich und plausibel wird, worum es bei diesem Glauben überhaupt geht und inwiefern er im Blick auf eine konkrete Lebenssituation Bedeutsames zu sagen hat.

Der Entwurf, mit dem Pfarrerin Lisa Neuhaus sich um den Gottesdienstpreis beworben hat, hat die Jury völlig überzeugt. In der familiären Situation, mit der die Pfarrerin konfrontiert war, zeigt sich vieles, was einen Kasualgottesdienst überhaupt, aber besonders eine Traufe kennzeichnet:

– Nina und Sascha, das Paar, haben verschiedene Herkunftsgeschichten. Sie ist in Frankfurt aufgewachsen, von Frau Neuhaus konfirmiert worden und offenbar auch bis heute nicht unvertraut mit Bibel und Gesangbuch. Sascha hingegen hat lange Zeiten seines Lebens in Sachsen-Anhalt verbracht. Er ist nicht in der Kirche, ebensowenig wie seine gesamte Familie, die sich zur Traufe eingefunden hat. Ost- und Westdeutschland, konfessionell Geprägte und Konfessionslose, Kirchennahe und Kirchenferne mischten sich in der zu erwartenden Gemeinde.
– Das Paar hat einen Wunsch: Eine Freundin will ihnen »Das Beste«, ein Lied ihrer Lieblingsgruppe »Silbermond«, singen. Das ist typisch für den Kasualgottesdienst: Die Pfarrerin bestimmt nicht allein, wie

der Ablauf aussieht, sondern gestaltet ihn im Austausch mit den Hauptpersonen.

- Außerdem gibt es natürlich Timo, das Baby von Nina und Sascha, das getauft werden soll. Es müssen also zwei unterschiedliche Handlungen verbunden werden: Trauung und Taufe. In welcher Reihenfolge soll das geschehen?
- Und – last, not least: Das Kind ist der leibhaftige Ausdruck der sexuellen Verbindung des Paares. Nina und Sascha sind sozusagen in doppelter Funktion präsent im Gottesdienst: als Paar und als Eltern. Ihre Intimität, so schreibt Frau Neuhaus, wird durch die Anwesenheit von Timo gewissermaßen veröffentlicht. Auch wenn es für die meisten Menschen heute selbstverständlich ist, dass unverheiratete Paare eine sexuelle Beziehung haben, darf der Umgang mit diesem Thema im Gottesdienst auch nicht den Hauch einer Beschämung an sich haben.

Lisa Neuhaus hat diese besonderen Problematiken differenziert bedacht und in ihrem Gottesdienstentwurf überzeugend gestaltet. Geradezu genial finde ich das Motto, das sie den Überlegungen zum Kasus voranstellt: »TRAUFE: WENN DIE KÖNIGIN VON SABA WINDELN WECHSELT«. Mit dieser Überschrift wird humorvoll eine Spannung ausgedrückt: Die Schönheit und die Reize der Braut kontrastieren mit den nicht immer wohlriechenden Niederungen des elterlichen Alltags. Die Rollen der Brautleute und der Eltern kommen zusammen im Gottesdienst und haben doch ihren je eigenen Charakter. Dies alles will in Liturgie und Predigt aufgenommen werden. Pfarrerin Neuhaus gelingt dies bereits mit den ersten Worten ihrer Begrüßung, indem sie formuliert: »In diesem Gottesdienst feiern wir das Leben und die Liebe zwischen zwei Menschen, zwischen euch beiden, Nina und Sascha – und wir feiern die Taufe von Timo, Frucht eurer Liebe und Gottes Geschenk für euch.«

Hier wird die Situation klar benannt, nichts verschwiegen, aber auch nichts bloßgestellt. Das Paar – so kann man vermuten – hat sich von Anfang an wahrgenommen und akzeptiert gefühlt. Die gleiche Qualität zieht sich durch alle Texte, die Predigt und die Gebete: Nina und Sascha werden als Paar angesprochen und gewürdigt. Ihre Zweisamkeit wird im Licht des Evangeliums gedeutet und gewürdigt. Und ebenso findet Timo als ihr Kind seinen Platz und darüber hinaus aber auch in der Taufe als Gotteskind, das in eine Gemeinschaft aufgenommen wird, die größer ist als seine Familie.

Ebenso gelingt es Pfarrerin Neuhaus wunderbar, der religiösen Unterschiedlichkeit des Paares und der Gemeinde Raum zu geben und dennoch ohne Abstriche einen christlichen Gottesdienst zu feiern. Der Bräutigam antwortet auf die Traufrage ohne den Gottesbezug. Alles andere hätte ihm nicht entsprochen. Aber die Braut hat damit kein Problem. Das Paar darf sich unterscheiden. – Auch das Glaubensbekenntnis, das nun einmal in einen Taufgottesdienst hineingehört, wird so eingeleitet, dass sich niemand gezwungen fühlen muss, einzustimmen: »*Wer will*, kann stellvertretend für Timo mitsprechen«, sagt die Pfarrerin. Es sind diese kleinen unaufgeregten Gesten des Respektes, der Aufmerksamkeit für die unterschiedlichen Bedürfnisse, die offenbar dazu beitragen, dass auch die ostdeutsche Familie, die ja keine kirchliche Bindung mitbringt, sich aufgehoben fühlt bei dieser Traufe. »Vor allem, so hat der Vater von Sascha am Ende gesagt, hätte man ja mal so richtig weinen können, dafür sei eine Kirche wohl der richtige Ort.« Wie kann man deutlicher ausdrücken, dass man sich angesprochen und geborgen gefühlt hat in diesem Gottesdienst?

Frau Neuhaus spricht eine Sprache, die alle verstehen können. Klar, ausdrucksstark und wenig voraussetzungsreich sind ihre Formulierungen, aber dennoch theologisch gefüllt und inhaltlich anspruchsvoll. Ebenso überzeugt der rituelle Vollzug und die Sorgfalt, mit der auch kleine Probleme bedacht werden: Wo bleibt das Kind während der Trauzeremonie? Wie wird der Übergang von der Trauung zur Taufe begangen? Wie können die Paten ebenso beteiligt werden wie die Trauzeugen, damit die Taufe ein vergleichbares Gewicht erhält?

Und schließlich: Der Musikwunsch von Nina und Sascha wird ohne ›wenn und aber‹ erfüllt. »Ich habe mir«, so schreibt Frau Neuhaus, »im Laufe der Jahre als volkskirchliche Pfarrerin die Haltung angeeignet, nicht etwa ›Herrin‹ über Glauben und Wünsche von Menschen sein zu wollen, sondern gut paulinisch ›Gehilfin der Freude‹, also eine Art Hebamme auf dem Weg zum gelungenen Fest.« Das, so denke ich, ist eine produktive und menschenfreundliche Haltung. Sie schließt ein, dass auch der Text eines seiner Herkunft nach säkularen Liedes im religiösen Rahmen anders klingt. So kann es dann auch in die Predigt eingehen.

Alles in allem: Die Jury ist der Auffassung, dass Frau Neuhaus viel mehr gelungen ist als nur eine überzeugende Traufe. Vielmehr ist dies ein rundum durchdachter und schön gestalteter Gottesdienst, aus dem man für alle Kasualien viel lernen kann: die sensible Wahrnehmung der Situation, die differenzierte theologische Reflexion, die schlichte und zugleich schöne und ansprechende sprachliche und rituelle Gestaltung, die aufmerksame Berücksichtigung der bunten Gemeinde. Die Bedürfnisse der Menschen und der klar erkennbare christliche Vollzug sind kein Widerspruch, sondern sie stimmen hier in vorbildlicher Weise zusammen. Insofern: Diese Traufe ist es wert, ausgezeichnet zu werden. Meinen allerherzlichsten Glückwunsch, liebe Frau Neuhaus!

8. Gottesdienst als Beitrag zur Erinnerungskultur

Frank Morgenstern / Stephan Huck

Der Passionspunkt »Erinnern und Mahnen über die Grenzen hinweg«

gefeiert auf dem Vorplatz des Marinemuseums in Wilhelmshaven in der Karwoche 2016 zum Thema: 28cm

Musik (Saxophon & Keyboard)

Begrüßung

1. Sprecher(in):

1916. Die Welt steht in Flammen. Im französischen Verdun schlachten sich seit Februar Franzosen und Deutsche mit schwerer Artillerie ab. Am Bosporus kämpfen Türken gegen Briten. Im Osten Russen gegen Österreicher und Deutsche. In den Alpen Österreicher und Deutsche gegen Italiener. Der Brand, der im August 1914 mit der Ermordung des Österreichischen Thronfolgerpaares entflammt wurde, ist längst außer Kontrolle geraten. Das gemeinsame Haus Europa brennt an allen Ecken und Enden. Warum und wozu, weiß so recht keiner mehr. Wie der Brand zu löschen ist, erst recht nicht.

Am 31. Mai 1916 machen in den britischen Flottenstützpunkten Cromarty, Rosyth und Scapa Flow und im deutschen Wilhelmshaven 250 Schiffe Dampf auf und gehen anschließend Anker auf mit Kurs Nordsee.

2. Sprecher(in):

Die Welt steht immer wieder in Flammen: Syrien, Libyen, Afghanistan. Das Feuer geht weiter. Und manchmal immer wieder ganz nah. So wie heute in Brüssel.

Das Feuer des Fanatismus ist oft nicht zu löschen.
Sinnlos, menschenverachtend, zerstörend.

Wir feiern trotzdem unseren dritten Passionspunkt in diesem Jahr.
Als Zeichen der Solidarität entzünden wir eine Kerze.

Schweigen

Das Thema beim dritten Passionspunkt lautet heute: 28cm
Wir feiern in Gottes Namen.

Gott schenkt uns das Leben.
Jesus zeigt uns, wie wir leben können.
Gottes Geist gibt uns Kraft zum Leben.

Liedvers Gib Frieden, Gott, gib Frieden (nach EG 430,1)

Psalm (nach Psalm 121 – im Wechsel gesprochen)
Ich öffne meine Augen und schaue mich um.
 Bis zum fernen Horizont geht suchend mein Blick: Wer hilft mir?
Meine Hilfe kommt von Gott, der Himmel und Erde gemacht hat.
 Zwischen Himmel und Erde: Meine Hilfe kommt von Gott.
Gott wird deinen Fuß nicht gleiten lassen – auch auf unsicherem Boden.
 Gott behütet dich und schläft nicht – auch wenn es still um dich wird.
Gott verschließt nicht die Augen – auch wenn du nichts erkennen kannst.
 Gott achtet auf deine Schritte und dein Tun.
Gott behütet dich – wie ein kühler Schatten vor brennender Sonne.
 Gott umhüllt dich – wie eine warme Decke in kalter Nacht.
Vor allem Bösen – von außen wie von innen – behüte uns Gott.
 Wie im Himmel so auf Erden, behüte uns Gott. Amen.

Liedvers Aus der Tiefe rufe ich zu dir (nach EG NB 597,1)

Zur Situation vor Ort

Es ist ein sonniger Frühjahrstag. Himmelfahrt. »Endlich, endlich, endlich«, schreibt der Matrose Richard Stumpf in sein Tagebuch. Endlich, endlich, endlich … passiert etwas. Endlich, endlich, endlich … ist die Monotonie aus morgendlichem Künstlerfrühstück – Kaffee und Zigarette ohne Brot, vormittäglichem Arbeitsdienst, das Schiff streichen, das Messing putzen, nachmittäglichem Divisionsdienst und Exerzieren bis zum Umfallen – durchbrochen.

Doch so recht mag er nicht daran glauben, dass wirklich mehr passiert als eine jener Ausfahrten, die die gewohnte Routine durchbrechen. Dass sie den verhassten Engländer, der in seinen Augen an der ganzen Misere schuld ist, wirklich zu sehen und zu fassen kriegen, bezweifelt er zutiefst. Noch gut kann er sich daran erinnern, wie sie ganz zu Anfang, Ende August 1914, ebenfalls ausgelaufen waren und von ferne den Geschützdonner des Gefechtes gehört hatten, das sich Admiral Maaß' Kräfte mit Admiral Beatties Kräften geliefert hatten. Sie selbst aber waren nicht von der Leine gelassen worden. Beattie hatte die Cölln und zwei weitere Kleine Kreuzer auf den Grund der See geschickt, ohne dass sie hatten helfen dürfen. Diese feigen Offiziere, die sie nicht gelassen hatten.

In Großbritannien haben die Soldaten ganz ähnliche Zweifel. Als Lord Nelsons Erben hat man sie erzogen. Wie der britische Seeheld, der von der Säule herab auf das geschäftige Treiben auf dem Londoner Trafalgarsquare blickt, einst in gleichnamiger Schlacht die Weltgeltung Großbritanniens begründet hatte, sollten sie in einer Neuauflage gegen die verhassten Deutschen in einer entscheidenden Schlacht diese Geltung erneut bekräftigen. Doch was taten sie seit August 1914 auf zweifelhafter völkerrechtlicher Grundlage?

Sie riegelten die Nordsee ab, verhinderten, dass Lebensmittel und andere Güter das Reich erreichten. Heldentaten sehen anders aus. Und so seufzte etwa Kapitänleutnant John McLeod »Hier ist der tollste Krieg, den die Welt je gesehen hat, und ich mache nicht mit.«

Unzufriedenheit auf beiden Seiten der Mariner.

Zurück an Bord der *Helgoland.* Als der Erste Offizier ihn und seine fast tausend Kameraden auf der Schanz des 1911 gebauten Schlachtschiffes zusammenruft, um ihnen ihren Auftrag zu erläutern, dämmert Stumpf zum ersten Mal, dass der Tag heute anders als alle anderen sein wird. Endlich. Endlich. Endlich. Himmelfahrt.

Stumpf steht anfänglich auf der Brücke des Schiffes und kann sehen, was um ihn herum passiert. Richtiger: Er hätte sehen können. Doch gibt es in einer modernen Seeschlacht so viel nicht zu sehen. Die Schiffe kämpfen auf Entfernungen von mehr als zehn Kilometern. Pulverdampf, Qualm der Antriebsanlagen und Nebelbänke tun ein Übriges, um die Sicht zu trüben. Man sieht die Einschläge der gegnerischen Artillerie, ihr Mündungsfeuer, sie selbst aber bleiben ein Schemen. Der britische Historiker Barnett hat die daraus resultierenden Schwierigkeiten plakativ auf den Punkt gebracht: »Sie glichen Blinden, die einen Wagen nach den Weisungen anderer fahren, Blinden aber, die jeden Augenblick die Sehkraft zurückgewinnen konnten, dann die Entscheidung über die günstigste Gefechtsformation für 20 und mehr Schlachtschiffe zu fällen hatten und entsprechend klare Befehle erteilen mußten – und all das mit der Schnelligkeit, mit der ein Autofahrer einem Hund ausweicht.«

Zwölf Stunden dauert das Gefecht zwischen den britischen und deutschen Kräften. 250 Schiffe sind daran beteiligt, mit insgesamt ca. 95.000 Mann Besatzung. 95.000 Mann, die unter Durst, Atemnot und – vor allem – Ungewissheit leiden. Ungewissheit herrscht auf allen Ebenen: Jellicoe sucht die deutsche Schlachtflotte und fragt Beatty: »Where is the enemy battlefleet?«, erhält aber keine brauchbare Antwort. Hipper verlässt sein weidwund geschossenes Flaggschiff *Lützow* und sucht dann seinen Verband. Der Obermatrose Carl Richard Linke starrt auf seinen Kompass und wundert sich: »Zu unserer Verwunderung sind wir einmal im Kreise herum gefahren.« Dass er gerade Zeuge der von den Historikern vielbesungenen Gefechtskehrtwendungen der Hochseeflotte geworden war, blieb ihm verborgen; Unsicherheit allerorten, auf allen Ebenen.

Jedes zehnte beteiligte Schiff wird nach diesem Tag nicht in seinen Heimathafen zurückkehren. Jeder zehnte Soldat wird Opfer eines jener Geschosse, wie es sie dieses Kanonenrohr abschoss, vor dem wir hier stehen. Geschosse mit einem Durchmesser von 28 cm, schwer wie ein VW-Käfer. 28 cm gefüllt mit Sprengstoff, ummantelt mit einer Eisenschale, die beim Auftreffen in tausend Stücke birst. Welchen Schaden diese Geschosse anrichten konnten, können wir erahnen, wenn wir uns den Einschlag auf diesem Rohr anschauen: Um 16.08 Uhr GMT schlug eine von einem Schiff des 5. Britischen Schlachtgeschwaders abgeschossene Granate im rechten Rohr des 5. Turmes des Großen Kreuzers *Seidlitz* ein und machte, wie es in der Literatur heißt, diesen »Unbrauchbar«. Es war einer von 21 schweren Treffern, die das Schiff erlitten hatte. Einer von 220 Treffern insgesamt, die die schwere Artillerie beider Seiten anbringen konnte, 8.195 Granaten verschoss sie zu diesem Zweck.

Zu diesem Zweck? Zu welchem Zweck? Das bleibt die große Frage: So trübe, wie sich die Sicht am Schlachttage darstellte, bleibt auch ihr Ausgang. Hatten die Deutschen gewonnen, weil sie mehr Schiffe versenkt hatten als die Briten? Oder die Briten, weil die deutsche Flotte nach wie vor in der Nordsee eingesperrt war und die Blockade mit der Schlacht nicht hatte auflösen können? Eine eindeutige Antwort kann nicht gegeben werden. Und vielleicht wurde die Skagerrakschlacht gerade deshalb so viel in den folgenden einhundert Jahren erinnert: weil sie ob ihrer Sinnlosigkeit der nachträglichen Aufladung mit Inhalten bedurfte. Davon kündet dieses Geschützrohr, das einst vor der Christuskirche als Mahnmal gestanden hat, wie auch deren Altarbild. Aber nicht mehr heute, sondern erst am Donnerstag. Der erste Passionspunkt mit Fortsetzung. Danke für's Zuhören.

Liedvers Aus der Tiefe rufe ich zu dir (nach EG NB 597,1)

Lesung (Matthäus 26,47–56)

Sprecher(in) 1:

Und als er noch redete, siehe, da kam Judas, einer von den Zwölfen, und mit ihm eine große Schar mit Schwertern und mit Stangen, von den Hohenpriestern und Ältesten des Volkes. Und der Verräter hatte ihnen ein Zeichen genannt und gesagt: Welchen ich küssen werde, der ist's; den ergreift.

Sprecher(in) 2:

Und alsbald trat er zu Jesus und sprach:
»Sei gegrüßt, Rabbi!«, und küsste ihn.

Jesus aber sprach zu ihm:
»Mein Freund, dazu bist du gekommen?«
Da traten sie heran und legten Hand an Jesus und ergriffen ihn.
Und siehe, einer von denen, die bei Jesus waren, streckte die Hand aus und zog sein Schwert und schlug nach dem Knecht des Hohenpriesters und hieb ihm ein Ohr ab.
Da sprach Jesus zu ihm:
»Stecke dein Schwert an seinen Ort! Denn wer das Schwert nimmt, der soll durchs Schwert umkommen. Oder meinst du, ich könnte meinen Vater nicht bitten, dass er mir sogleich mehr als zwölf Legionen Engel schickte? Wie würde dann aber die Schrift erfüllt, dass es so geschehen muss?«
Zu der Stunde sprach Jesus zu der Schar:
»Ihr seid ausgezogen wie gegen einen Räuber mit Schwertern und mit Stangen, mich zu fangen. Habe ich doch täglich im Tempel gesessen und gelehrt, und ihr habt mich nicht ergriffen. Aber das ist alles geschehen, damit erfüllt würden die Schriften der Propheten.«
Da verließen ihn alle Jünger und flohen.

Musik (Saxophon & Keyboard)

Kurzpredigt

Liebe Gemeinde am dritten *Passionspunkt* in diesem Jahr,
wie fremd ist uns das heute. Nach dem Ersten Weltkrieg wurde dieses Kanonenrohr vor der Kirche aufgebaut. Erinnerung an die ruhmreiche Schlacht. Denn irgendjemand hatte ja gesiegt. Im Nebel war nicht so ganz klar, wer es gewesen war, aber als dann die Opfer, die Verluste zusammengezählt wurden, dann waren die Zahlen auf Seiten der Briten höher. Also hatten die Deutschen gewonnen. Wenn es auch in keinster Weise irgendwie geholfen hatte, aber gesiegt hatte die deutsche Marine. Im Felde unbesiegt und auf dem Meer allemal. Welche Macht symbolisierte da dieses Kanonenrohr? Getroffen, aber nicht besiegt, wund geschossen, aber in den Heimathafen zurückgekommen. Nicht vor den Eingang der Kirche gelegt, sondern seitlich neben die Kirche in die Verlängerung der Adalbertstraße, da wo die Flaniermeile der höheren Militärs war. Immer vor Augen: Zeichen unserer Macht.

Tatsächlich war das Rohr nie Mahnung vor einem Krieg: Seht, was passieren kann, wenn Menschen losgelassen werden, sondern es war immer das

- Seht, was wir trotz Schmerzen alles geschaffen haben.
- Ehren der großen Taten.
- Nicht klagen, sondern weiterhin wagen.
- Der Welt von deutscher Stärke erzählen auch in der Zeit, in der nach dem Ersten Weltkrieg alles unter dem Titel der Kriegsniederlage stand.

Bis Ende der 60er Jahre hat das Rohr neben der Kirche gelegen, dann ist es vor das heutige Gorch-Fock-Heim gebracht worden und dann fast 25 Jahre später hierhin, wo es hingehört: in ein Museum. Endlich, Endlich, Endlich, um die Worte von Stumpf anders aufzugreifen.

Wir verknüpfen weiterhin die Geschichte von Jesu Passion mit unseren Orten, die wir besuchen. Vom Heiligen Land am Sonntag sind wir über den Bunker nun im offenen Kampf gelandet.

Wir kommen aus dem Garten Gethsemane. Gestern Abend haben wir es gehört. Die Jünger sind schlapp und müde. Dreimal hat Jesus sie ermahnt zu wachen.

Jetzt kommt es zur Konfrontation. Vielleicht haben tatsächlich einige seiner Leute gedacht: Endlich, endlich, endlich kommt es zur Schlacht, die alle erwartet und gewünscht haben. Denn einer von denen, die bei Jesus waren, zog sein Schwert und hieb dem Knecht des Hohepriesters ein Ohr ab.

Frage: Seit wann tragen die Leute von Jesus Schwerter? Aber es scheint so gewesen zu sein. Aus dem Garten Gethsemane kommend war da mindestens einer der Zwölf bereit, zu den Waffen zu greifen. Tatsächlich ist diese Stelle ein Beleg für die These, dass von den Zwölfen wahrscheinlich nicht wenige damit gerechnet haben, dass Jesus die Juden zum Kampf gegen die verhassten Römer führen würde. Jesus der Messias. Endlich, endlich, lang genug gewartet. Zeloten, Eiferer, Sikarier, die, die den Dolch im Gewand tragen. Jesus und seine Zwölf sind durch Galiläa und Judäa gezogen. Die Wilde 13. Sie haben viel erlebt. Gespräche, Diskussionen, gemeinsames Essen, Heilungen, manches Wunder, das alle irritiert hat. Und nach dem langen Weg durch das Land, nach dem vielen Zuspruch bei vielen Begegnungen ist man jetzt mit den eigentlichen Aggressoren konfrontiert. Das werden – da ist man sich heute sicher – einige der Jünger gedacht haben. Nun geht es los.

Aber der Eifer des Gefechts vernebelt die Sinne.
Nur schemenhaft erkennen die Schiffe in der Seeschlacht ihre Gegner – wenn überhaupt. Wer ist der Gegner, wer ist der Feind?
Im Nebel der Schlacht ist die Richtung unklar.
Jesus hebt die Hand: »Wegen mir müsst ihr nicht zu den Waffen greifen. Mein Reich ist nicht von dieser Welt.«

Wie ist das mit mir, wenn am Ende eines Weges auf einmal feststeht, dass das, was ich mir als Ziel erwünscht und erhofft habe, ganz anders ist als gedacht? Oder wenn der Weg so aussieht, dass er komplett im Nebel verschwindet und wir greifen wollen und nur noch ins Nichts packen?

Wer schlägt in lauter Panik dann zurück?
»Steck dein Schwert wieder zurück.
Fahr dich runter«, sagt Jesus.
Es ist sowieso ganz anders, als du denkst.

Aber wer sollte das auch verstehen? Damals.
Die wenigsten haben es damals verstanden, und manchmal versteh ich das heute noch nicht.
Gekreuzigt, gestorben und begraben, hinabgestiegen, auferstanden.
Das zu verstehen braucht Zeit und mehr.

Danke, dass ihr mir zugehört habt.

Lied Ich möchte Glauben haben (EG NB 596)

Vater unser

Vater unser im Himmel.
Geheiligt werde dein Name.
Dein Reich komme.
Dein Wille geschehe,
wie im Himmel, so auf Erden.
Unser tägliches Brot gib uns heute.
Und vergib uns unsere Schuld,
wie auch wir vergeben unsern Schuldigern.
Und führe uns nicht in Versuchung,
sondern erlöse uns von dem Bösen.
Denn dein ist das Reich
und die Kraft
und die Herrlichkeit in Ewigkeit.

Amen.

Segen

Gott, lass uns nicht aus deinen Augen,
aus deinen Händen, aus deinem Herzen.
Segne uns diesen Abend und alle Tage unseres Lebens.

Amen.

Musik (Saxophon & Keyboard)

Frank Morgenstern / Stephan Huck

Der Passionspunkt »Erinnern und Mahnen über die Grenzen hinweg«

gefeiert vor dem Altarbild, das an die Schlacht 1916 erinnert,
am Gründonnerstag 2016 zum Thema: 8645 Tote

Musik (Orgel & Schlagzeug)

Begrüßung

Herzlich willkommen zum fünften Passionspunkt in diesem Jahr.
Ehren- oder Mahn-Tafeln bestimmen diese Kirche.
Wehende Flaggen haben die Kirche über viele Jahrzehnte bestimmt.

»Sie alle starben für ihr Vaterland«. Immer noch steht diese Überschrift über dem Mahnmal. Was für eine schwere (unerträgliche) Überschrift in einer Kirche.

Unser Thema heute lautet **8645 Tote.**

Wie immer verknüpfen wir Geschichte und Erinnerung und Theologie.

Und dies ist unser erster Fortsetzungspassionspunkt.
Unser heutiger Fachmann ist Dr. Stephan Huck vom Marinemuseum.

Wir feiern in Gottes Namen.
Er stärkt uns in den Krisen des Lebens.
In Jesu Namen, der sagte: »Lass diesen Kelch an mir vorübergehen.«
Und im Namen des Heiligen Geistes, der uns Kraft gibt zum Leben.

Liedvers Gib Frieden, Gott, gib Frieden (nach EG 430,1)

Psalm (nach Psalm 121 – im Wechsel gesprochen)

Ich öffne meine Augen und schaue mich um.
    Bis zum fernen Horizont geht suchend mein Blick: Wer hilft mir?
Meine Hilfe kommt von Gott, der Himmel und Erde gemacht hat.
    Zwischen Himmel und Erde: Meine Hilfe kommt von Gott.
Gott wird deinen Fuß nicht gleiten lassen – auch auf unsicherem Boden.

Gott behütet dich und schläft nicht – auch wenn es still um dich wird.
Gott verschließt nicht die Augen – auch wenn du nichts erkennen kannst.
Gott achtet auf deine Schritte und dein Tun.
Gott behütet dich – wie ein kühler Schatten vor brennender Sonne.
Gott umhüllt dich – wie eine warme Decke in kalter Nacht.
Vor allem Bösen – von außen wie von innen – behüte uns Gott.
Wie im Himmel so auf Erden, behüte uns Gott. Amen.

Liedvers Aus der Tiefe rufe ich zu dir (nach EG NB 597,1)

Zur Situation vor Ort

(Altarbild der Christus- und Garnisonkirche in Wilhelmshaven, aufgehängt 1926 zum 10. Jahrestag der Skagerrak-Schlacht.)

Vor einhundert Jahren tobte vor dem Skagerrak, westlich des dänischen Festlandes, die größte konventionelle Seeschlacht der Weltgeschichte. 250 Schiffe waren daran beteiligt. Mit 95.000 Mann Besatzung. 8.645 von ihnen kehrten nicht heim. So will es die offizielle Statistik wissen. Andernorts liest man von 9.500 Toten, mitunter auch von 10.000. Man sieht – so genau weiß es keiner. Der eine zählt diejenigen, die unmittelbar im Gefecht starben. Der andere diejenigen, die ihren Wunden erlagen. Das konnte dauern. Und manchmal auch nur indirekt mit der Schlacht zusammenhängen. Wie der Tod des britischen Marineoffiziers

Ralph Seymour, der sich am 4. Oktober 1922 im Alter von 36 Jahren von den Klippen von Beachy Head in den Tod stürzte. In der Skagerrakschlacht war er als Flagg Officer auf Admiral David Beatties Flaggschiff *HMS Lion* verantwortlich für die Weitergabe von Signalen gewesen. Als sich nach dem Krieg in Großbritannien eine regelrechte Schlammschlacht in der britischen Marine und Öffentlichkeit darüber entwickelte, ob der britische Befehlshaber der Schlachtflotte – Jellicoe – oder der Befehlshaber der Aufklärungskräfte – Beatty – dafür verantwortlich sei, dass die Skagerrakschlacht kein zweites Trafalgar, kein überwältigender Seesieg ohne Wenn und Aber geworden sei, entzog Beatty seinem früheren Flaggleutnant seine Gunst. Dies stürzte ihn in solche Depressionen, dass er sich das Leben nahm.

Unübersichtlich? Beatty, Jellicoe, Seymour? 8.645 Tote, 9.500 Tote, 10.000 Tote? Genau darum geht es heute, die Unübersichtlichkeit und Widersprüchlichkeit der Erinnerung an Skagerrak.

Das Erinnern fand dabei aber auf verschiedenen Ebenen statt. Am unmittelbarsten ist die Ebene des Erinnerns in den Familien, die ihren Ehemann, Vater oder Bruder in der Schlacht verloren haben. Auf dieser Ebene ist es schon bedeutsam, ob wir von 8.645 Toten oder von 10.000 reden. Wir reden davon, ob in 1.355 Familien mehr oder weniger getrauert wurde. Wir reden von Familien wie der des 36-jährigen Marineoberzahlmeisters Wilhelm Elias, dessen Namen Sie hier auf der Tafel lesen. Mit 838 Kameraden war er mit der *SMS Pommern* untergegangen, als die Schlacht schon fast geschlagen war. Auf dem Rückweg hatte das bis dahin unversehrt gebliebene Linienschiff einen Torpedotreffer erhalten, war von einer mächtigen Explosion in zwei Teile gerissen worden und in kürzester Zeit gesunken. Niemand wurde gerettet. Wie von den meisten Toten kündet auch von Elias' irdischer Existenz kein Grabstein.

Dies ist es, was der Hamburger Maler Hugo Schnars-Alquist mit seinem hinter uns zu sehenden Altarbild »per crucem ad lucem« – durch das Kreuz zum Licht – zum Ausdruck bringen wollte. Es zeigt die sich nach der Schlacht beruhigende See, über der das christliche Kreuz erstrahlt. Es verheißt den Hinterbliebenen Trost durch das Versprechen der Erlösung ihrer gefallenen Angehörigen.

Dies Bild wurde am zehnten Jahrestag der Schlacht, im Jahr 1926, in diese Kirche eingebracht. Viele Wunden, die der Krieg gerissen hatte, werden noch frisch gewesen sein. Die Toten hätten alle noch leben können, wäre der Krieg nicht gewesen. Ein Bild wie das Altarbild wird als Trost nötig gewesen sein.

Aber es war offenbar noch etwas anderes nötig, das die nächste Erinnerungsebene berührt. Gerade der verlorene Krieg erforderte es, den gewaltsamen Tod der Gefallenen nachträglich zu legitimieren. Sie konnten und durften nicht umsonst gestorben sein. In diesem Kontext kommt der Skagerrakschlacht zentrale Bedeutung zu. Als zumindest numerischer Sieg über die Royal Navy – wir erinnern uns: die Briten hatten mehr Verluste zu beklagen als die Deutschen – hatte sie gezeigt, wozu eine deutsche Marine in der Lage war, wenn man sie ließ. Nur ließ man sie zur Zeit nicht: Der nach dem Ersten Weltkrieg diktierte Friedensvertrag von Versailles hatte dem Deutschen Reich nur noch eine Rumpfmarine von 15.000 Mann belassen, ausgestattet mit Linienschiffen, die schon zu Beginn des Ersten Weltkrieges veraltet gewesen waren. Die moderneren dagegen hatten sich am Vorabend der Vertragsunterzeichnung am 21. Juni 1919 in britischem Gewahrsam in Scapa Flow selbst versenkt. Sie hatten auf ihre Weise den Untergang mit wehender Flagge rekapituliert, der ihnen nach Skagerrak ein weiteres Mal versagt gewesen war. Nun, 1926, als dieses Bild aufgehängt wurde, galt es also darauf hinzuarbeiten, dass Skagerrak vollendet werden konnte. »Durchgeschlagen« werden konnte, wie man sagte. Der gleiche Pastor, der hier das Altarbild und die Flaggen der alten Marine einbringen ließ, Friedrich Ronneberger, sprach im Folgejahr bei der Grundsteinlegung des Marine-Ehrenmals in Laboe die ummissverständlichen Worte:

»Sie [gemeint sind die Toten, an die das Ehrenmal erinnerte] rufen uns zu: ›Heraus, sofern ihr unserer noch gedenkt, die Schmach getilgt und die Ketten gesprengt! Wir Toten fordern als unser Recht, die alte Treue vom neuen Geschlecht‹. Mancher Stein liegt freilich noch im Wege, aber wie einst Hermann der Cherusker bewusst die deutschen Stämme zum Kampf gegen die römische Fremdherrschaft aufrief, so wird auch uns wieder ein Führer entstehen, der uns aus Nacht zum Licht führt, und der uns den Platz an der Sonne wiedergibt.«

Schon in der Terminologie dämmert hier derjenige herauf, der zehn Jahre später das Ehrenmal in Laboe einweihte: Adolf Hitler. Wenn zur Einweihung am 20. Jahrestag der Schlacht auch eine britische Delegation anwesend war und als Zeichen der Versöhnung die Glocke des in Scapa Flow versenkten Schlachtkreuzers *Seydlitz* zurückgab, so standen die Zeichen doch nur kurz auf Versöhnung. Nur drei Jahre später, 1939, brach Hitler grundlos den Krieg vom Zaun, der zur See ein Seekrieg gegen England sein würde. Zu früh, wie der Oberbefehlshaber der Kriegsmarine seinem Kriegstagebuch anvertraute, um Aussicht auf Erfolg zu haben. Man könne nun nichts anderes, als zu zeigen, dass man in Anstand zu sterben verstünde, um die Grundlage für einen Neuanfang zu legen. Vor dem Hintergrund dieses bekanntermaßen neuerlich verlorenen Krieges verblasste die Bedeutung von Skagerrak. 1944 hisste zum letzten Mal ein deutsches Kriegsschiff die alte Reichskriegsflagge am Skagerraktag im Top, 1968 wurde das Seydlitz-Rohr vor der Christuskirche entfernt, 1974 ein letzter Zapfenstreich im Gedenken an Skagerrak aufgeführt. Heute ist aus dem »Wieder« von 1926 ein »Nie wieder« geworden. Dies ist die zentrale Botschaft der Veranstaltungen zum 100. Jahrestag im Mai dieses Jahres.

Liedvers Aus der Tiefe rufe ich zu dir (nach EG NB 597,1)

Lesung (Matthäus 26,17–30)

Sprecher(in) 1:

Aber am ersten Tage der Ungesäuerten Brote feiern die Jünger und Jesus das Passafest.
Und am Abend setzte Jesus sich zu Tisch mit den Zwölfen.
Und als sie aßen, sprach er:

Sprecher(in) 2:

»Wahrlich, ich sage euch: Einer unter euch wird mich verraten.«
Und sie wurden sehr betrübt und fingen an, jeder einzeln, ihn zu fragen: »Herr, bin ich's?«
Er antwortete und sprach:
»Der die Hand mit mir in die Schüssel taucht, der wird mich verraten. Der Menschensohn geht zwar dahin, wie von ihm geschrieben steht; doch weh dem Menschen, durch den der Menschensohn verraten wird!«
Da antwortete Judas, der ihn verriet, und sprach:
»Bin ich's, Rabbi?« Er sprach zu ihm: »Du sagst es.«
Als sie aber aßen, nahm Jesus das Brot, dankte und brach's und gab's den Jüngern und sprach: »Nehmet, esset; das ist mein Leib.«
Und er nahm den Kelch und dankte, gab ihnen den und sprach:
»Trinket alle daraus; das ist mein Blut des Bundes, das vergossen wird für viele zur Vergebung der Sünden.«

Musik (Orgel & Schlagzeug)

Kurzpredigt

Erinnern

Eine rabbinische Geschichte erzählt:

Unsere Vorfahren gingen immer über einen Fluss und dann durch einen Wald auf eine Lichtung. Dort beteten sie zu ihrem Gott, weil hier ihr Volk gegründet worden war.

Die Nachfahren gingen immer noch über den Fluss in den Wald auf die Lichtung, aber sie wussten nicht mehr, was hier passiert war.

Deren Nachkommen gingen immer noch über den Fluss, aber sie fanden die Lichtung nicht mehr.

Und deren Nachkommen wieder hatten gar keinen Fluss mehr, weil sie woanders lebten, aber sie wussten, dass man sich erinnern muss, und sie beteten zu dem Gott, der etwas getan hat.

Liebe Passionspunkte-Gemeinde,
was ist Tradition?
Was ist Erinnern?
»Tradition ist nicht das Halten der Asche, sondern das Weitergeben der Flamme.«
Wie geben wir etwas weiter, und was erinnern wir?

In dieser Kirche des Erinnerns und der Geschichte stellt sich immer wieder die Frage:
Was geben wir von dem weiter,
was hier erzählt wird,
wie geben wir es weiter?
Stephan Huck hat von den Erinnerungsebenen erzählt, wie sie sich verschoben haben.

Und zum anderen:
Was geben wir in einer Kirche weiter,
was genuin von unserem Glauben erzählt?
Wofür brennen wir?
Und was ist die Asche?

Heute beim Passionspunkt am Gründonnerstag sind die beiden Vorgaben eindeutig: Skagerrak auf der einen Seite und Abendmahl auf der anderen Seite.

Rückblick auf das Altarbild

Als zehn Jahre nach der Schlacht bei Skagerrak das Bild aufgehängt wurde, war das in der Kirche ein großes politisches Statement und nichts anderes. Man kann das schönreden, wie man will. Aber es war ein politisches Fanal an alle Mariner und alle Militärs im Wartestand: Seht das Bild von der Schlacht. Das, was damals dort auf dem Meer passierte, das ist die Folie, auf der wir arbeiten und weiter handeln müssen. Wir haben gesiegt. Wir sind die eigentlichen Gewinner der Seeschlacht im Ersten Weltkrieg.

Lasst sie von der Kette, dann wird es etwas. Wieder und wieder erinnern, so wie Stephan Huck es genannt hat, das hat Ronneberger gemacht, und er hat unsere Kirche damit massiv geprägt. Und wenn man die Zitate von Ronneberger liest, dann weiß man, wessen geistiges Kind er war. Und neben der Laboe-Einweihung (wir haben das Zitat gerade gehört), kann man auch auf die Überlebenden der Selbstversenkung der Flotte in Scapa Flow blicken. Die mit den wehenden Flaggen. Also sozusagen im geistigen Kampf. Auch dort äußert er sich deutlich:

Er wertet die Selbstversenkung der internierten Schiffe als heldenhafte Tat: »Würdig ihrer Vergangenheit hat die deutsche Flotte ihr Grab gefunden! (...) Hut ab vor den aufrechten Männern, die solches gewagt! Diesmal lag kein Befehl vor! Ohne fremdes Zutun von sich aus haben sie solches gewagt. Und das war deutsch! Alles andere, was sonst bei uns geschieht, ist welsch, ist undeutsch!«

Das Altarbild sollte nicht an 8.645 Tote erinnern, es sollte an die deutschen Sieger erinnern und an die Helden, die mannhaft in der Schlacht gestorben waren, wie eben Marinezahlmeister Wilhelm Elias.
Sie alle starben für ihr Vaterland.

Das Altarbild als Erinnerung und Festhalten: Nicht umsonst gestorben, nicht umsonst gekämpft. Es hat einen Sinn. Wieder und wieder erinnern.

Die Grundaussage zum Passionspunkt in diesem Jahr: Nein, er hat nicht gewonnen. Die Geschichte hat ihm (Ronneberger) nicht Recht gegeben.

Das Bild hat seine politische Kraft verloren. Es hat eine andere Kraft bekommen. Es hat sich in seiner scheinbaren unpolitischen Haltung dann doch in die Herzen von vielen Gemeinde- und Stadtgliedern eingebrannt.
Die Erinnerung an den Grund ist verblasst.
Das Feuer ist erloschen.
Und aus dem WIEDER haben wir ein NIE WIEDER gemacht.

Abendmahl

Und auf theologischer Ebene?

Im Abendmahl geben wir jeden Gründonnerstag die Flamme weiter. Wir erinnern tatsächlich an das letzte Essen von Jesus und seinen Leuten. Wir laden es theologisch auf. Durchaus mit unterschiedlichen Riten und Bräuchen im Wandel der Zeit und der Konfessionen, und natürlich wandelt sich die Erinnerung an das Abendmahl auch hier. Während die Erinnerung an Skagerrak aber verblasst, hat das Abendmahl bis heute nichts von der Kraft verloren.

Eine Symbolhandlung, die bis heute nichts von ihrer Strahlkraft und ihrem Feuer verloren hat. Denn egal wie die einzelnen Konfessionen das Abendmahl interpretieren, es schlägt die Verbindung von jetzt über alle Zeiten und Grenzen zu Jesus. Sei es als Sündenvergebung, als Versöhnung, als Gemeinschaftsmahl, als Verbindungstat. Es verknüpft horizontal und vertikal, zeitlich und räumlich.

Das Feuer wird weitergegeben, immer wieder angefacht.
Nicht: Sie alle starben für ihr Vaterland,
sondern:

Wenn hier einer starb, dann Er:
Er starb für uns.
Er starb bei uns.
Das ist mehr als das, was ich mir einrede.

Danke, dass ihr mir zugehört habt.

Lied Ich möchte Glauben haben (EG NB 596)

Abendmahl

Einsetzungsworte

Unser Herr Jesus Christus, in der Nacht, da er verraten wurde, nahm er das Brot, dankte und brach's und gab's seinen Jüngern und sprach: Nehmet hin und esset, das ist mein Leib, der für euch gegeben wird. Solches tut zu meinem Gedächtnis.

Desgleichen nahm er auch den Kelch nach dem Abendmahl, dankte und gab ihnen den und sprach: Nehmet hin und trinket alle daraus; dieser Kelch ist das neue Testament in meinem Blut, das für euch vergossen wird zur Vergebung der Sünden. Solches tut, sooft ihr's trinket, zu meinem Gedächtnis.

Vater unser

Vater unser im Himmel.
Geheiligt werde dein Name.
Dein Reich komme.
Dein Wille geschehe,
wie im Himmel, so auf Erden.
Unser tägliches Brot gib uns heute.
Und vergib uns unsere Schuld,
wie auch wir vergeben unsern Schuldigern.
Und führe uns nicht in Versuchung,
sondern erlöse uns von dem Bösen.
Denn dein ist das Reich
und die Kraft
und die Herrlichkeit in Ewigkeit.
Amen.

Austeilung

Kommt, denn es ist alles bereit.
Sehet und schmecket, wie freundlich Gott ist.

Nehmt und esst vom Brot des Lebens.
Nehmt und trinkt vom Kelch des Heils.

Das Brot des Lebens für dich.
Der Kelch des Heils für dich.

Aussendung

Suchet zuerst Gottes Reich in dieser Welt. Und sucht dort Gottes Gerechtigkeit, dann wird euch alles zufallen.

Lied Ich möchte Glauben haben (EG NB 596)

Segen

Gott, lass uns nicht aus deinen Augen,
aus deinen Händen, aus deinem Herzen.
Segne uns diesen Abend und alle Tage unseres Lebens.

Amen.

Musik (Orgel & Schlagzeug)

Inken Richter-Rethwisch

Laudatio[1]

Die Stiftung zur Förderung des Gottesdienstes verleiht heute ihren diesjährigen Gottesdienstpreis an die Christus- und Garnisonskirche in Wilhelmshaven. Ihr schönes Format der Passionspunkte hat die Jury der Gottesdienststiftung nachhaltig überzeugt! In der Auslobung des diesjährigen Preises standen Gedenkgottesdienste bzw. liturgische Formate als Beiträge zur Erinnerungskultur im Mittelpunkt. In Wilhelmshaven haben Sie nun schon zum 16. Mal das gottesdienstliche Format »Passionspunkte« in der Stadtöffentlichkeit gefeiert. An markanten Orten, mit Menschen aus Kultur, Politik und Kirche und in einer weiten politischen und stadtgesellschaftlichen Deutung der Passionsgeschichte haben Sie die Stadtöffentlichkeit fein und tiefsinnig hineingenommen in eine konkrete und erlebbare Nacherzählung der Passion Jesu, die sich auf das Leben und das Erinnern in Wilhelmshaven bezieht!

Die Passionspunkte 2016 fanden bei Ihnen statt unter der Überschrift »Zwischen 435 Menschen und 12 Millionen Zugvögeln.« Konkrete Punkte der Passion waren ein Zentrum der Flüchtlingshilfe, ein ehemaliger Bunker, ein Haltepunkt am Kanonenrohr des Marinemuseums als Erinnerung an die Skagerrak-Schlacht, ein Ort am offenen Meer, wo 12 Millionen Zugvögel auf ihren Reisen eine Rast einlegen, ein Besuch in der Kunsthalle. Gemeinsam an Orte der Erinnerung und der Geschichte der Stadt zu gehen, eine Kerze anzuzünden, Experten zu Wort kommen zu lassen, den Erinnerungsort musikalisch zu füllen, den Texten der Passion ungewöhnliche Verbindungen zu anderen Orten des Geschehens zukommen zu lassen – all das macht Erinnerung lebendig. Wenn die Musik den Raum oder den Ort anders zum Schwingen und Klingen bringt, dann spüren wir oft auch den Raum neu – so wie heute auch! Zahlen bekommen neue, andere Dimensionen: Anzahl von Toten, die die Stadt zu betrauern hat, die 28 cm Durchmesser des Kanonenrohres, die auf die Geschossstärke der Kanone anspielen, die 12 Millionen Zugvögel mit ihren Reisegeschichten, die 2 Meter als Symbol für den Klimawandel mit ansteigendem Wasserpegel und seinen Herausforderungen, die 12 Jünger und die Wilde 13.

Die Entwicklung Ihrer Passionspunkte bringen in einmaliger Weise zum Ausdruck, wie Sie Ihre Stadt immer wieder neu betrachten, aus anderen Blickwinkeln, mit anderen Brillen, mit erinnernden und verbindenden Sichtweisen, die eines stärken: die gemeinsame Identität in

1 Während der Preisverleihung im Ratssaal zu Wilhelmshaven am 16. Juni 2017.

der Stadtöffentlichkeit, die Auseinandersetzung mit Orten mit Symbolgehalt und den gemeinsamen Blick für die aktuellen Herausforderungen. So verknüpfen Sie Geschichte und Erinnerung mit Theologie. Sie weisen vorsichtig darauf hin, wo eine Stadt Verletzungen, Sensibilisierungen oder auch tiefe Wunden erfahren hat und wie sie damit umgeht, sie nicht fortzuwischen, zu übertünchen oder wegzukehren. Es bleiben Passionspunkte – Punkte, die uns an die Verwundbarkeit unseres menschlichen Zusammenlebens erinnern, an die Brüchigkeit und Mehrdeutigkeit des Lebens, an Herausforderungen der Zukunft. Solch ein Blick auf die Stadt macht deutlich, dass unser Leben verwundbar bleibt. Die Passionszeit ist ein wichtiger Ort dafür im Kirchenjahr und gibt Raum, dies zu erinnern. Wunderbar haben Sie das in Ihrem Konzept miteinander verbunden!

In der Stadtsoziologie gab es vor einigen Jahren einen interessanten neuen Forschungsschwerpunkt, der die Betrachtung einer Stadt mit dem Lesen eines Buches verglich. »Reading the city« untersuchte, wie Besucher, Gäste und Einheimische ihre Stadt verstehen, begreifen, lesen. In der Topographie wichtiger Symbolorte erhält eine Stadt ihr Gesicht, ihr Profil, ihre Lesart. In diesem Sinne haben Sie – wie auch die Jury befand – die Stadt Wilhelmshaven gottesdienstlich kartographiert. Durch diese liturgisch gestaltete Lesart haben Sie mit viel Ausdauer ein schönes Konzept geschaffen, das aus der Stadtkultur nicht mehr wegzudenken ist.

Wir glauben oft, eine Stadt nach einiger Zeit zu kennen, kennen ihr Gesicht, ihre Anmutung, ihre Stimmungen, ihren Lärm und ihre Rhythmen. Umso schöner ist es, dass Sie sich mit ihrem Konzept jedes Jahr auf's Neue auf den Weg machen, neue markante Punkte liturgisch zu bedenken. Damit haben Sie eine öffentliche Gottesdienstkultur geschaffen, die zum Teilnehmen einlädt.

Deshalb wünschen wir diesem Konzept weiterhin eine so gute Resonanz, viele Menschen, die davon berührt werden. Sicherlich wird dabei manche Verletzung angesprochen, vielleicht auch geheilt. Und wir wünschen Ihnen weiterhin diese Kreativität, das Gedächtnis der Stadt und sein Vermächtnis wachzuhalten. Herzlichen Dank für Ihre Aufmerksamkeit!

Literatur

Evangelisches Gesangbuch. Ausgabe für die Evangelisch-Lutherischen Kirchen in Niedersachsen und für die Bremische Evangelische Kirche, Hannover/Göttingen ²2014.

Evangelisches Gesangbuch. Ausgabe für die evangelische Kirche im Rheinland, die Evangelische Kirche von Westfalen, die Lippische Landeskirche und die Evangelisch-reformierte Kirche in Bayern und Nordwestdeutschland, Bielefeld 1996.

Evangelisches Gesangbuch. Ausgabe für die Landeskirchen Rheinland, Westfalen und Lippe, Bielefeld 1996.

Evangelisches Gottesdienstbuch. Agende für die Evangelische Kirche der Union und für die Vereinigte Evangelisch-Lutherische Kirche Deutschlands, hrsg. von der Kirchenleitung der VELKD und der Kirchenkanzlei der EKU, Berlin/Bielefeld/Hannover 1999.

*frei*Töne. Liederbuch zum Reformationssommer 2017, hrsg. im Namen des 36. Deutschen Evangelischen Kirchentags Berlin und der Evangelischen Kirchen in Deutschland von Arnd Schomerus und Stephan Goldschmidt, Kassel 2016.

Kursbuch Religion Elementar 9/10, Stuttgart 2006.

Antonio Tabucchi, Erklärt Pereira. Eine Zeugenaussage, München ¹⁹2013.

Wort-Laute. Liederheft zum Evangelischen Gesangbuch, erarbeitet für die Evangelische Kirche im Rheinland, die Evangelische Kirche in Westfalen, die Lippische Landeskirche in Gemeinschaft mit der Evangelisch-reformierten Kirche, Gütersloh 2007.

Autorinnen und Autoren

Angelika Biskupski ist Dozentin am Evangelischen Predigerseminar in Wittenberg.

Heidrun Dörken ist Evangelische Medienbeauftragte am Hessischen Rundfunk in Frankfurt am Main.

Cornelia Eberle ist Referentin für Diakonie & Theologie der Samariterstiftung in Nürtingen.

Dr. Folkert Fendler war von 2009 bis 2016 Leiter des EKD-Zentrums für Qualitätsentwicklung im Gottesdienst und ist seit 2017 Rektor des Pastoralkollegs Niedersachsen in Loccum.

Dr. Stephan Goldschmidt ist Vorsitzender der Stiftung zur Förderung des Gottesdienstes und Referent für Gottesdienst und Kirchenmusik im Kirchenamt der EKD in Hannover.

Hans Große war Pfarrer der Martini-Kirchengemeinde in Bielefeld.

Susanne Große war Lehrerin in Bielefeld.

Dr. Reinhard Höppner (†) war Ministerpräsident in Sachsen-Anhalt.

Stephan Huck ist Leiter des Deutschen Marinemuseums in Wilhelmshaven.

Claudia Hülsenbeck war Lehrerin in Bielefeld.

Martin Hülsenbeck war Superintendent des Kirchenkreises Bielefeld.

Dietrich Lauter war Kreisoberpfarrer des Kirchenkreises Köthen.

Frank Morgenstern ist Pastor an der Christus- und Garnisonskirche in Wilhelmshaven.

Lisa Neuhaus war Pfarrerin an der Evangelischen Sankt Petersgemeinde in Frankfurt.

Iris Opitz-Hollburg ist Pastorin der Evangelisch-reformierten Kirchengemeinde in Detmold-Berlebeck.

Inken Richter-Rethwisch war von 2010 bis 2017 Referentin für Seelsorge, Citykirchenarbeit, Kirche und Tourismus u.a. im Kirchenamt der EKD und ist seit 2017 Studieninspektorin am Predigerseminar in Loccum.

Antje Stoffregen ist Diakonin an der Kirchengemeinde St. Michaelis in Lüneburg.

Dr. Ulrike Wagner-Rau ist Professorin für Praktische Theologie an der Philipps-Universität in Marburg.

Burkhard Weitz ist Redakteur des Magazins Chrismon in Frankfurt am Main.